上名校的秘密

系统化家庭教育心法

余帅 著

江苏凤凰文艺出版社

图书在版编目（CIP）数据

系统化家庭教育心法 / 余帅著. -- 南京：江苏凤凰文艺出版社，2025.5. -- (上名校的秘密). -- ISBN 978-7-5594-9519-8

Ⅰ. G78

中国国家版本馆CIP数据核字第20256C6R22号

系统化家庭教育心法

余 帅 著

责任编辑	项雷达
图书策划	马识程
特约编辑	马识程
装帧设计	东合社·安宁
责任印制	杨 丹
出版发行	江苏凤凰文艺出版社
	南京市中央路165号，邮编：210009
网　　址	http://www.jswenyi.com
印　　刷	唐山富达印务有限公司
开　　本	690毫米×980毫米　1/16
印　　张	15
字　　数	150千字
版　　次	2025年5月第1版
印　　次	2025年5月第1次印刷
书　　号	ISBN 978-7-5594-9519-8
定　　价	58.00元

江苏凤凰文艺版图书凡印刷、装订错误，可向出版社调换，联系电话025-83280257

系统思维与目标思维

我花了五年时间走访全国名校,将一路上的所见、所闻以及感悟全部写入《游名校》一书中。该书一出版便深受中小学生及其家长的喜爱与青睐。《游名校》书中的所有图片皆为我亲自拍摄。其内容重点描述了各个大学的优良设施以及良好的学习氛围,能让广大学子对名校有一定的认知,激励更多孩子找到读书的目标与意义,进而激发学习动力,充满励志色彩。我的用心得到了读者的喜爱与回应,于我而言,这是一件非常开心、幸福且令人骄傲的事情。

有一天,我走进一家风格别致的田园风茶吧品茶,被邻座的一对母女吸引。我坐在户外竹椅上,享受着秋风和桂花的香气。在晴朗的天空下,这本应是个极为愉悦、令人放松的时刻。然而,出乎意料的是,对面的母亲落座不久就开始严厉斥责女儿。我抬头观察，只见一个看似初中生的女孩，面红耳赤，低头不语，眉头紧锁，显露出厌烦的神情，场面一度尴尬。

我内心其实很想上前劝解，但考虑到周围有许多人在看着，这样做可能会严重伤害孩子的自尊心。不久后，那位母亲停止了责骂，而女儿始终一言不发，显然情绪极度低落，默默地玩着手机。这一幕让我突然想起一些新闻报道，有的孩子在与父母激烈争吵后离家出走，有的甚至选择结束自己的生命。那些父母在悲剧发生后悲痛欲绝、悔恨不已。然而，后悔并不能改变任何事情。

因此，每当回忆起类似的幕幕场景，我就总想做些什么来帮助那些家庭。当《游名校》这本书广受欢迎并帮助了许多孩子后，我思考着，是否可以写一本关于名校生背后家庭教育方法和故事的书，以帮助更多的家长呢？

大部分家长在教育方面如同初学者，毫无经验。他们往往盲目模仿身边人的教育方式，缺乏系统和规划，只能走一步看一步。孩子不听话时，家长就斥责甚至体罚；孩子不做作业时，家长便唠叨不停；孩子玩手机时，家长则没收手机。尽管家长使出浑身解数，却发现孩子越来越难以管束，孩子对学习的兴趣也越来越淡漠。家长们因此感到失望、困惑和疲惫。为什么别人家的孩子一回家就认真写作业，寒暑假也在勤奋学习，不沉迷手机、不早恋、不虚度光阴，还能"轻松"考上名校？最终，他们还能找到适合自己的伴侣，组建幸福的家庭，事业发展也非常不错，过上了非常惬意的生活。家长们的这些困惑和不解，正是我想要书写的内容，旨在为广大家长提供一些学习参考和启示。

许多父母忽略了一点：孩子之所以优秀，背后通常有一个优秀的家庭。这里的"优秀"并非指资产和背景，而是指家庭教育。通常，优秀的家庭教育培养出来的孩子也很优秀。如果一位父亲每天都是醉醺醺且经常夜不归宿，母亲一下班就沉迷于刷视频，那么就很难培养出一个自律、上进、优秀的孩子。父母是原件，孩子是复印件；孩子的行为往往反映了家长的行为。

孩子在学习上能否自律、能否找到学习的意义、能否被激发出内驱力以及能否最终成才，这些都与良好的家庭教育密切相关。看到这里，可能有家长会说，自己也知道家庭教育很重要，但是无奈文化程度不高，又无人指点迷津，不知道如何去提升教育认知。还有一些家长看过一些家庭教育的书籍，或者在网上购买过不少老师的课程，却发现所学内容越来越繁杂，最后不知从何处着手。的确如此，一方面是因为教育需要因材施教，另一方面是因为很多家长学习得不够系统。大部分家长无论是看书、刷短视频还是看网课，接触到的理论性内容太多，虽然对家庭教育的认知有所提升，但回到自己家庭的实际情况时，发现遇到一些具体问题还是不知道该怎么做。

在我走访名校的过程中，我会询问一些名校生的家庭教育情况。我惊讶地发现，他们的父母对教育的重视程度以及对教育的认知确实远超很多人。他们往往以"孩子为中心"，以"系统思维"来引导和教育孩子，而非以"目标思维"强迫孩子完成某一既定目标。目标思维的局限性显而易见：一旦目标达成，动力往往随之消失，而且若缺乏维持成果的计划，很容易就会回到原点。系统思维者不仅关注当前的目标，还考虑如何长期维护和优化这一状态。对于孩子的教育来说，尊重孩子的兴趣爱好，培养孩子学习的自主性、独立性正是系统思维的体现。

因此，我特意找了一些名校生和名校生家长。首先，从名校生的视角探寻他们所感受到的家庭教育是怎样的；其次，从名校生家长的视角探寻他们如何理解家庭教育以及如何去做；最后，加上我的"观察者"视角在文中做批注，于是便有了《上名校的秘密：系统化家庭教育心法》这本书。从他们真诚分享的故事里，你会系统且直观地了解到优秀的孩子究竟是如何一步步被培养出来的。你会惊讶地发现，遇到同样有关孩子的问题时，名校生父母竟然有这么好的解决方案。你也会感叹，怪不得这些孩子能自律、能热爱学习，原来在教育上有如此好的方法。你还会深刻地了解到，名校生是如何一步步被父母的教育激发出学习的内驱力。

当下父母都比较忙碌，我建议大家向那些培养出了名校生的有成果的父母学习、借鉴。因为结果不会说谎，向有成果的人学习是非常高效的。那些能够把孩子培养成清华、北大、浙大、复旦等名校生的父母，毋庸置疑，背后一定有着值得称道、值得学习的教育方法。

目录

Part 1
学生视角下的家庭教育

·002·
—
·016·

"示范式"家庭教育
——做好自己的事

郭泽龙 清华大学 2023 级 理论经济学专业

·017·
—
·029·

"保守式"家庭教育
——如何走出自认为的原生家庭伤痛

颜李如 北京大学 2023 级 教育经济与管理专业

"听话式"家庭教育——从"听话""叛逆"到"独立自主"

许雄　北京师范大学　2022 级　科学与技术教育专业

·030·
|
·044·

"师友式"家庭教育
——从小懂事、让人省心的学生

小优　武汉大学　2021 级　汉语言文学专业

·045·
|
·056·

"身教式"家庭教育
——用心去做，及时调整

徐梦瑶　南京大学　2021 级　社会学专业

·057·
|
·070·

071
—
084

"慢养式"家庭教育
——爱、鼓励、包容

关思繁 四川大学 2021 级 新闻与传播专业

085
—
099

"放养式"家庭教育
——"高自尊、高敏感"性格

范宇婷 东南大学 2023 级 哲学专业

100
—
114

"自主式"家庭教育
——从信任、陪伴、赞美到独立自主

孙雨馨 清华大学 2023 级 公共政策专业

Part 2
家长视角下的家庭教育

"认知引导式"家庭教育
——人与人的差距之一是认知差异

● 郭泽龙家长
　郭泽龙　清华大学　2023级　理论经济学专业

·116—131·

"用爱激励式"家庭教育——用爱构筑起孩子与父母一生的情感联结

● 颜李如家长
　颜李如　北京大学　2023级　教育经济与管理专业

·132—146·

·147— 161·

"共同学习式"家庭教育
——尽最大努力走出去，看看外面的世界

● 许雄家长

许雄　北京师范大学　2022 级　科学与技术教育专业

·162— 176·

"亦师亦友式"家庭教育——小事
妈妈"引"，大事爸爸"导"的原则

● 小优家长

小优　武汉大学　2021 级　汉语言文学专业

"智慧守护式"家庭教育
——换位思考，将心比心

- 徐梦瑶家长

  徐梦瑶　南京大学　2021级　社会学专业

·177—191·

"以身作则式"家庭教育
——和孩子一起做就是最好的家教

- 关思繁家长

  关思繁　四川大学　2021级　新闻与传播专业

·192—205·

"兴趣引导式"家庭教育
——全力支持孩子的正向追求

- 柳振宇家长

  柳振宇　清华大学　2015级　生命学院生物科学专业

·206—222·

Part 1

学生视角下的家庭教育

"示范式"家庭教育

——

做好自己的事

学校：清华大学
姓名：郭泽龙
2023 级 理论经济学专业

我一直觉得自己非常幸运，成长于一个幸福的家庭。父母从小就重视我的教育，为我营造了一个积极向上、轻松愉快的成长环境。如今看来，我所取得的成就很大程度上得益于家庭教育背景。基于此，我和父母常与一些面临沟通难题的家庭分享经验。

01 学习是自己的事情，各自做好自己该做的事

小学时，爸妈工作繁忙，我的日常生活主要由爷爷奶奶和姥姥姥爷轮换照顾。那时候，我对他们的忙碌有些不满，因为我注意到其他同学的家长对自己孩子在学校的表现了如指掌，而爸妈对我在学校的情况了解甚少，甚至不知道我的班主任是谁。有一次，老师让家长在作业后面签字，我把写好的作业递给妈妈，她都没仔细看就直接签上了名字。我感到非常生气，质问她："为什么别的家长都可以辅导孩子功课，你却对我的功课不闻不问？"妈妈沉思了几秒，给了我一个至今难忘的回答："因为学习是你自己的责任，辅导功课是老师的工作，而

我们作为父母的责任是为你的人生指引方向。每个人都做好自己该做的事，效率才会最高，不是吗？"

余帅说

"很多家长剥夺了孩子自主学习的权利，从上学开始就亲自辅导作业。实际上，学习是孩子自己的事，却逐渐变成了父母的任务。每当孩子的作业出错，家长往往严厉指责，而此时孩子内心渴望得到家长的理解和支持。当现实与期望偏差过大时，孩子可能会忍不住哭泣，但很多家长并未意识到自身做法存在的问题，反而加大了批评声，导致孩子最终放弃写作业。因为家长没有意识到，此时的孩子需要时间来消化自己的负面情绪。长此以往，孩子不仅会失去学习的主动性，还会缺乏自信、注意力难以集中、作业错误增多，并且变得更加拖延，甚至可能滋生叛逆情绪，亲子关系也因此恶化。

相比之下，郭同学的妈妈处理得非常恰当。她坚持让每个人做好自己分内的事，明确学习是孩子自己的责任，不插手干涉。对于不会做的题目或做错的内容，她允许自己想办法解决，比如第二天问老师或同学。这种方式不仅帮助孩子培养了解决问题的能力，还增强了他们的学习主动性。"

父母离开学校多年，对我所学的知识已不太了解，他们认为自己没有老师专业，辅导我不仅效果不佳，还可能干扰老师的教学节奏和计划。更重要的是，他们让我认识到学习是我自己的责任，无论结果好坏，都应该由自己承担。如果我在学习过程中遇到困难，应该向老师寻求帮助，学会提问也是一种重要的能力！

父母还经常教导我要自律。每当我询问是否可以做某事时，他们总是告诉我，这是你自己的事情，只要合理规划时间即可，约定好的休息时间也要严格遵守。因此，每次玩游戏或看动画片时，我都会将闹钟设定20分钟的倒计时，结束后立即开始学习，绝不拖延。这种习惯对我的成长至关重要。

自从我把学习当作自己的责任后，我每天会自主安排时间。我不仅越来越喜欢学习，还有更多的时间享受我喜欢的游戏和动画片。父母非常支持我这样做。至今，我非常感激他们没有过多干预我的功课，而是教会了我如何对待学习和生活。

> **余帅说：**
>
> 很多家长处理孩子玩游戏的方法不妥当，如没收手机或打骂孩子，这并不合理。家长们下班回家后，也想放松一下，比如打个游戏或刷视频，那么对于上了一整天课的孩子来说，放学后看电视、打游戏也是正常的放松方式。家长应该和孩子一起沟通娱乐时间，并用闹钟定时。我建议家长以身作则，不要自己玩两小时，却只给孩子20分钟的娱乐时间。当孩子看电视时，家长也可以进行适当的休闲活动；当孩子写作业时，家长也可以通过读书来提升自己，用自己的行动影响孩子，而不是一边自己玩一边要求孩子认真学习。家长要明白，你的行为会直接影响孩子。

02 挣钱不是目的，对社会有用才是关键

回想起来，父母当时教给我的一些道理虽然看似超前，却培养了我成熟的思想。13 岁那年，我想买一件东西，妈妈不同意，我因此大发脾气。妈妈耐心地对我说："你现在想买东西而我不同意，你可以自己挣钱去买，这样就不需要征得别人的同意了。"我当时非常不解，反驳道："我才多大啊，别的家长都告诉孩子你要好好学习，为什么你却要求一个十几岁的孩子自己挣钱去买自己想要的东西？"妈妈回答道："挣钱不是目的，对社会有用才是关键。妈妈是要通过这件事情告诉你，要做一个对社会有用的人。"我当时对这番话似懂非懂，但始终铭记在心。每当我思考赚钱、学习和价值等话题时，这番话总会在我脑海中浮现。

余帅说：

" 郭同学的家长非常出色，能够利用生活中的小事向孩子灌输正确的价值观和人生观。孩子长大以后是否拥有健全的三观，往往取决于父母在这些细枝末节的小事的逐渐引导、沟通和培养，而不是遇到问题就通过打骂吼叫孩子来解决。"

03 沟通不是情绪的宣泄或观点的输出

父母和我的沟通大多是顺畅的，但在我成长过程中也难免出现矛盾。16岁那年，在从老家回家的高铁上，我和我妈因为一件小事发生了争执，双方各执一词，互不相让，最终我们都委屈地大哭起来。待妈妈情绪平复后，她对我说："儿子，刚才是妈妈做得不对，希望你理解并原谅妈妈，毕竟这也是我第一次做妈妈。"听到这番话，我脸一红，顿时意识到了自己的错误，立即向妈妈道歉并承认了自己的不当之处。

16岁时，人往往自信心爆棚，认为自己总是对的，错的是这个世界。面对孩子在这个年龄段的新状态，父母应该接受这种变化，而不是对抗。父母需要逐步摸索应对方法，而不是沿用老套路。在人生中，我们先是子女，后面成为家长，大家都是第一次承担这些角色，所以好家长并非与生俱来，而是需要不断学习和摸索。很多家长认为，孩子出生后，自己自然而然就成了合格的父母，却忽视这一个新角色也需要学习和适应。养育孩子同样如此。父母若不能及时意识到自己角色的变化并积极学习应对，很容易在和子女的相处中产生矛盾，导致彼此不理解。

沟通需要适当的方式、方法。它不是情绪的宣泄或观点的输出，而是在合适的时机，以合适的方式表达合适的观点。无论在社会上还是在家庭中，无论是对同事朋友还是对父母子女之间，这一点都适用。同样的事情，在不同的时间和语气下表达，收到的反馈可能截然不同。为什么在社会上大家会自觉收敛情绪，采用合理的沟通方式，而在家里却做不到呢？不能因为家人宽容就放纵自己去伤害他们。面对爱自己的人，更应该调整好自己的状态，用成熟理性的方式沟通。我很幸运，父母与我的沟通始终理智且充满正能量，他们不会把工作上的烦恼带回家，也不会对我发泄情绪。在这种家庭环境的影响下，我学会了用平和的态度与他人沟通，身教胜于言传，子女就像父母的一面镜子，父母什么样，孩子就会长成什么样。

> **余帅说：**
>
> 很多父母会因为工作中的压力或者夫妻间的争吵，带着满腔怒火回到家，看到孩子表现不好便忍不住责骂甚至体罚。本来家是温暖的港湾，却变成了'拳击场'。久而久之，孩子会对家产生反感，不愿与父母讲话，甚至学会通过大声吼叫、用力关门等方式来发泄情绪。这一切其实都是父母无意间教会他们的。随着孩子的成长，他们会不自觉地模仿父母的情绪发泄方式。郭同学之所以能心平气和地与人沟通，离不开从小父母的身教，父母本身平和的态度和稳定的情绪起到了关键作用。

父母常对我说："家庭不是一个单纯讲道理的地方，而是一个用爱沟通的地方！"就是说，我们在家并不是不需要讲道理，而是要用爱的方式来相处。爱不是控制，也不是父母要求孩子无条件接受付出并因此心生愧疚，而是通过爱的感化让孩子心中充满爱，自发地与人为善，心怀感恩。

04 父母的陪伴给了我极大的情感支撑

高三那年，父母的陪伴给了我极大的情感支撑。每天早上六点半我起床时，妈妈已经为我准备好了早餐，并装进了便当盒；等我洗漱完，爸爸则提前把车开到楼下，开好空调等我上车。放学后，父母总是在校门口等候，询问我一天的感受。如果我心情愉快，我会分享学校里的趣事；如果心情不佳，我会选择沉默，靠在车窗边独自思考，他们也不会追问。他们的默默支持让我感受到深深的爱，使我能够自信地应对学习中的各种挑战。

> **余帅说：**
>
> "'家庭不是一个讲道理的地方，而是一个用爱沟通的地方！'这句话说得真好。许多家庭失去了爱和孩子所需得安全感，导致孩子一旦长大就急于离开家，工作后可能一年才回家一次。郭同学的父母并没有像其他家长那样，在孩子放学后一味地追问成绩和学习情况，而是关注孩子的内在成长，聆听他的故事。如果孩子不开心，他们不会刨根问底，而是默默陪伴，让孩子感受到身后强有力的支撑。家长们应更多地关心孩子的成长，而非仅仅关注成绩。当孩子内心充满爱，心情愉悦，没有太多内耗和纠结时，成绩自然不会差。"

高三学习并不是一帆风顺的，父母的情感支撑在此时显得尤为珍贵。我的成绩一直位列年级前五名，但在区二模拟考试中却大幅下滑至年级四十多名。拿到成绩单的那一刻，我感到极度崩溃，距离高考仅剩几十天，最后一次正式的模拟考试竟然不尽如人意。那天放学，我走出校门，看见妈妈开车在门口等我。她问我成绩如何，我内心五味杂陈，鼻子一酸，泪水夺眶而出。我把内心的郁闷和恐惧一股脑儿地告诉了她，包括担心考不上目标大学、自尊心受挫以及失去自信等问题。

妈妈就没有打断我的情绪宣泄，耐心地听完后，用很温柔而平静的语气对我说："这几天你可以痛苦、崩溃、消沉，但最终你需要面对这次失败，恢复理智后好好总结原因。我相信只要你认真反思，下次就不会再犯同样的错误。一次失误并不代表什么，马失前蹄不代表你不是良马。一直以来的成绩证明了你的实力，这次只是一个小插曲。你的人生还很长，任何一次失误都不会决定你的一生。"妈妈的话让我出乎意料，她既没有责备也没有给出空洞的安慰，而是站在我的角度安抚情绪，提供可信的鼓励，并给出切实有效的解决方案。她的安慰让我很快调整好状态，认真总结了二模的成功与失利，迅速恢复了信心，最终在高考取得了满意的成绩。

> **余帅说：**
>
> 当孩子考试失利时，不少家长特别焦虑，甚至会数落孩子，这只会让孩子更加失落并失去信心。郭同学的妈妈处理得非常好，她以平静的情绪站在孩子的角度去共情、安抚和鼓励孩子，帮助孩子重新获得能量，坚强地站起来。这是每个父母必须学会的能力，因为在孩子的成长过程中，难免会遇到挫折。当孩子在人生的转折点面临困难时，父母能否及时有效地拉他一把，对孩子的发展至关重要。

05 尊重我的兴趣发展

父母不仅在学习上对我大力支持，还非常尊重我的兴趣爱好，并能在许多事情上与我共情，因此我自认为和父母的关系更像是亲密的朋友。小时候，当我向父母提出需求时，他们总会说："只要不是特别离谱的需求，我们都会满足你。"无论是课外书还是玩具，他们几乎都会买给我。当然也有例外，有一次，我想要一张DVD光碟，爸妈一开始不同意，我在商场内大哭大闹，试图强迫他们购买。但是，他们坚决地拒绝了我，并在我情绪平复后告诉我："任何时候都不能用情绪和别人交流，有什么需求要理性地提出，并尝试用逻辑说服别人，而不是撒泼打滚或无理取闹。"他们也会践行这一原则，即使批评我也是基于事实讲道理，而不是随意发泄情绪。

小时候，我喜欢音乐，爸妈就送我去学习小号，参加学校管乐团，陪我听新年音乐会，还给我买各种古典音乐CD。每次我拉他们一起听车载音乐时，他们都会积极配合，并对我喜欢的作品表现出好奇，甚至"请教"我很多音乐问题，以此激发我对这些艺术作品的介绍欲望。长大后，我对红酒产生了兴趣，研究红酒背后的科学与文化。他们大力支持我报名红酒文化培训班，我爸甚至还和我一起报名听课，老师还在课堂上打趣说，从未见过儿子带父亲来上课的情况。类似的例子还有很多，在此不一一列举。

直到很久以后，我才意识到并不是所有的家庭和父母都像我的父母一样开明。在一次家庭教育宣讲会上，一位父亲抱怨他的孩子天天听重金属音乐，让他头疼，觉得这种音乐对孩子成长没有益处，多次训斥孩子却屡教不改，问我应该怎么办。我当时非常疑惑，为什么他不能尝试理解重金属音乐的好处，并与孩子沟通交流其利弊，而是要固执地站在反对立场上，强求孩子按照自己的想法行事呢？我认为，被父母尊重和支持爱好的感觉是很幸福的，在这样的环境中，我可以始终保持对世界的好奇心，不断拓展兴趣爱好，探索世界的另一面。这不仅是亲子健康沟通的基础，也是我们家共同的幸福回忆。

> **余帅说：**
>
> " 太多的家长以爱为名，强迫孩子做他们不喜欢或不擅长的事情，声称这是为了孩子好。例如，孩子喜欢街舞，但家长坚持让他学钢琴；孩子喜欢乐器，家长却希望他学画画。如果孩子的兴趣爱好得不到尊重，被迫去学习自己不爱、不喜欢的东西，叛逆是迟早的事。不尊重孩子的喜好，强迫他们按家长的意愿行事，这样的家长是自私的，他们只想自己塑造一个符合自己幻想中的'别人家的孩子'。"

当孩子被迫去做不喜欢的事情时，他会产生与这个世界对抗的心理因素。一个不爱世界、不爱父母的孩子，很难爱上读书或其他事物。因为他对世界的好奇心、探索欲和生活的热爱，早在很小的时候就被家长磨灭了。

06 在父母眼里我就是最优秀的

从小到大，我的父母从不会拿"别人家的孩子多么优秀"这样的话来刺激我，因为我就是他们眼中那个"别人家的孩子"。我是班里成绩优异、性格阳光、爱好广泛，并且与老师关系融洽。因此，我从未觉得自己在任何领域不如别人，而是相信对任何事情我都可以尝试。成功固然好，失败了也不意味着我能力不足。这种勇于尝试的心态，正是源于父母从小对我的鼓励式教育。当然，父母清楚我的弱点，适时鞭策加强体育锻炼、学习画画、避免学习时懒惰等。无论是鼓励还是鞭策，他们都以恰当、温和、非强迫的方式与我沟通，让我知道自己是生命的主人，成长是我的责任，不需要与他人攀比，这让我相信竞争应该是良性的，与他人相处不要总抱着强烈的胜负欲，合作共赢往往能让我走得更远。同样，我也不会因为一时的落后而气馁，坚信只要踏实努力，在自己的赛道上前进，自然会取得成就。

余帅说：

"郭同学之所以能在很多事情上有尝试的勇气，是因为父母给了他足够的自由、爱和安全感。哪怕他做某件事情失败了，父母也不会责骂他，而是允许失败的发生，并和他一起分析失败的原因，从中汲取经验教训。这种做法让郭同学不惧怕失败，敢于迎接挑战。

比失败本身更可怕的是惧怕失败，不敢尝试。古语云：'初生牛犊不怕虎。'但很多孩子上了初高中后变得不敢尝试了，这与他的引导方式有很大关系。比如，我小时候很喜欢烧菜，自己会买菜谱研究如何烧好一道菜。有一次，我偷偷拿了冰箱里的食材，尝试自己做饭，但因为第一次操作，火候没掌握好，把猪肉烧成焦炭。正好被回来的父亲看到，结果我被狠狠地骂了一顿。从那以后，我再也不敢下厨，错失了锻炼生活自理能力的机会。直到现在30多岁了，我还是不会做饭。父亲后来还抱怨我：'这么大的人了，连个菜都不会烧。'殊不知，正是20多年前那次的严厉批评，打消了我的尝试的兴趣，并引发了我一系列的负面心理反应，让我做任何事都变得胆小谨慎，失去了自信心。

在家里，我们三个人一直坚守"自己的事情自己做"这个原则。从小父母培养我独立自主的能力。小学时，因为近视，父母为我选购了角膜塑形镜。它类似于隐形眼镜，晚上佩戴，第二天早上取出。虽然操作看似简单，但实际上很麻烦。戴之前必须在手心反复清洗，以免镜片上的细菌进入眼睛里引发感染；佩戴时稍有不慎，可能会导致镜片无法正确贴合眼球或对眼睛造成损伤。为了避免这些风险，许多家长都选择亲自为孩子摘戴镜片。但我的父母从一开始就告诉我："自己的事自己做。"他们鼓励我学习如何摘戴镜片，并在遇到问题时自己想办法解决，必要时再寻求帮助。一开始独立操作时，我遇到了很多困难，例如镜片无法贴合眼球反而划入眼角，吸棒误吸到未佩戴塑形镜的眼球上等。遇到这些困难后，我主动寻求父母或医生的帮助。通过这些经历，我深刻体会到自主性的重要性——无论是在生活还是学习中，掌握决策权至关重要。

余帅说：

> 从小培养孩子的自主能力非常重要。很多父母都不让孩子做家务，只让他们专注于学业成绩。然而，成绩只是孩子18岁前被社会选拔的一个手段，而在18岁以后的光阴里，决定孩子走得更远的是他们的综合能力。在日常生活中的点滴教育，可以帮助孩子培养自主性，从而让他们今后的人生路越走越宽。

父母是孩子的第一任老师，我很庆幸我父母如此称职。我身上的大部分优点源于他们的言传身教，而缺点多来自自身的不足。回顾成长过程中的点点滴滴，我发现父母的教育不仅是口头上的教导，更是通过实际行动潜移默化地影响着我。在我成长的过程中，他们教会我尊重、平等、自主以及爱与被爱的能力。家庭生活中的每一次互动都是教育的机会，他们用自己的言行为我树立好的榜样。

带着父母给予的宝贵财富，我在人生的道路上向着光明，稳步前行。

"保守式"家庭教育

——

如何走出自认为的原生家庭伤痛

学校：北京大学
姓名：颜李如
2023 级 教育经济与管理专业

如果说我这一生有什么极其幸运和骄傲的事情，那就是能成为我父母唯一的女儿。在我成长过程中，与父母的相处并非一帆风顺，但现在我明白，任何关系的进步都伴随着争吵与和解。

高考后，自认为带着一些原生家庭的"伤痛"，我毅然选择去上海学习教育学专业，希望通过学习教育学实现自我灵魂的救赎。转眼间大学毕业了，我走出了自己的"牢笼"，原生家庭成了我成长之路的坚强后盾。于是，我再次出发，选择去北京深造，以期实现在教育学领域更高的成就。

不知不觉中，在外求学已有五年。这时才真实体味到了时光的流逝，原来子女与父母的距离是慢慢变远的，想起那些十八岁之前的家庭时光，我愈发感受到，子女和父母之间的关系是从深厚变清浅的过程。龙应台在《目送》中写道："我慢慢地、慢慢地了解到，所谓父女母子一场，只不过意味着，你和他的缘分就是今生今世不断地在目送他的背影渐行渐远。你站立在小路的这一端，看着他逐渐消失在小路转弯的地方，而且，他用背影默默告诉你：不必追。"长大后我才猛然发现，人生有很多的无力和痛苦：生老病死、爱别离、怨憎恨、求不得等。最无力的是骨肉分离之痛。"父母在，不远游"，在现实中，即便子女并不想真的走远，父母也不想真的目送，但也抵抗不住时间逝去的洪流。

初中某个学期的某个星期一，学校国旗下的主题讲话时，教导主任说："现在同学们可以每天回家，到了高中也许每周回一次家，到了大学也许每月回一次家，工作后也许每年才回一次家。"当时这句话给我留下深刻的印象，虽然懵懂，但也有些惊觉。那时，我只知道我每天早上 6：30 起床，7：00 和父亲一起出门，坐他的车去学校；下午 6：00 他会准时在校门口接我，我们一起回家，我做作业，爸爸做饭，妈妈做家务，这些都曾是再平常不过的事情。正所谓"当时只道是寻常"，家庭教育带给自己的力量是悄然不觉的，家庭教育带给人的感动是滞后而隐秘的。

22 岁的我，回望自己家庭教育的小故事，几乎全是 18 岁离家读书前的记忆，不禁十分感伤。我相信每个人都有自己的命运，家庭教育没有标准答案，它是生命在深层次的因果轮回与个体重生。所以，我想借此机会分享一些生命的温暖，也感谢我的父母，在我的记忆里储存下这么多爱的能量。

01 成长之初的安全感基石——父母的陪伴

成年人常常用时间换取目标的实现，虽然时间的付出和成果之间并不一定是成正比的，但总是正相关的。家庭教育的基本方法也是如此。

在我看来，好的家庭教育并不复杂，它无外乎一屋三人三餐四季，在孩子需要陪伴的年龄给予充分的陪伴。俗话说："3岁看大，7岁看老。"在人的潜意识中，培养安全感最重要的阶段是在孩子3岁之前，而和睦的家庭关系是孩子安全感的基石。家庭关系的实质是以夫妻关系为基础，以亲子关系为延伸的一种多人亲密关系，很多家长把孩子视为家庭的绝对核心，实际上本末倒置了。在孩子安全感尚未建立时，父母分离，即使双方都爱孩子，孩子感受到的更多是分离的恐惧；父母相爱并共同关爱孩子，他才感受到真正的安全感。所以，夫妻关系一定是家庭关系的核心，其次才是亲子关系。

> **余帅说：**
>
> "心理学研究表明，孩子只有在6岁之前得到足够的安全感，心理上才能更健康地发展。当孩子的安全感得到满足后，他们对世界才会有更多的探索欲望。如果孩子在6岁前生活在父母的怒吼和争吵中，他们可能终其一生都会在寻找安全感。颜同学提到的和睦的夫妻关系是家庭的核心，这一点非常正确。因为只有夫妻关系和睦了，孩子才能感受到家里是安全的。我对这一点深有感触。我小时候非常缺乏安全感，父母经常吵架，母亲有时会跑到广西的外婆家躲避。这种家庭环境让我变得内向，害怕父母哪天会离婚，我的童年几乎是在这种患得患失中度过的。"

儿童心理学家皮亚杰提出的儿童认知发展阶段理论指出，人在不同的认知发展阶段有着不同的发展规律，一旦错过了某个阶段，很难弥补。小学毕业前，即12岁之前，家庭教育最重要的是基于良好的夫妻关系，对孩子进行长期的情感陪伴。这一时期是孩子性格和气质类型形成的关键期。<u>幸运的人一生都被童年治愈，不幸的人一生都在治愈童年，一个人内心深处的自信与自卑大都形成于童年。</u>

余帅说

> "实话实说，我算是不太幸运的那一个。我在12岁之前，父母经常吵架，我还因顽皮常常被父亲打，这让我骨子里充满了自卑。长大后，我意识到自己的很多行为其实是在治愈我的童年，而我不断地努力，最终的目的就是找回那份童年丢失的自信。"

回望自己成长的环境，我的童年充满了安全感。父母每天下班回家都会亲自做饭，辅导我的作业，周末带我去周边游玩或运动。尽管他们偶尔会斗嘴和争吵，但在我18岁之前，他们一直陪伴在我身边。

我还记得，幼儿园时，每天中午妈妈会接我回家午睡，晚上还会给我读睡前故事。爸爸每天晚上都会为我煮一杯鲜牛奶。记忆中，最有安全感的声音来自住了16年的临街卧室：老街上东北老面馒头的吆喝声、收废品和十块钱三斤砂糖橘的叫卖声、搓麻将声、小孩子的尖叫声、飞机声，尤其是雨棚上连夜不停的细雨声，淅淅沥沥，像一首温柔的歌伴我入睡。最有安全感的记忆是与妈妈一起午睡，醒来时下午 4 点的阳光斜射进卧室，光影朦胧，妈妈看着我说："你刚才睡得好香。"而我最快乐的记忆就是周末和他们一起去浣花溪公园，妈妈坐在石台阶上，端着保温杯和剥好的橘子瓣，看着我和爸爸愉快地玩耍——放风筝、打羽毛球、滑旱冰、喂鱼，每次我都会出一身汗，感觉非常痛快！

余帅说：

"过年回家时，猛然间发现村里不少老人已经过世了，跟爸妈一样年纪的邻居也变老了，路上跑着的小孩也不再熟悉。小时候走到哪里都是熟悉的面孔，现在长大了去村里走一走，大家甚至以为我是外地人。"儿童相见不相识，笑问客从何处来。"儿时读诗不解意，再读已是诗中人。

随着年龄的增长，我越来越怀念童年时光，怀念那时没有白发的父母，怀念儿时的快乐。不知不觉中，这些回忆成了人生的宝贵财富。正如颜同学所回忆的那些温暖又充满安全感的时光一样，这些回忆不仅让她铭记一生，也给予她足够的自信。所以，正在阅读这本书的父母，请思考一下：你想给孩子一段美好的回忆，还是不堪回首的时光呢？"

这些细碎丰富的美好，构成了我人生的底色。它不仅赋予我健康的体魄，还给了我面对人生风雨的根本力量。当我逐渐长大，我愈发体会到那些曾经以为简单的美好，其实是父母放弃了许多个人职业发展机会换来的。

0~3岁是孩子建立安全感的关键时期，而这段时期往往也是大多数父母事业起步和上升的重要阶段。如何在家庭与事业之间做出权衡，取决于每位父母自己的选择。有人觉得小富即安、平平淡淡才是真；有人要追求更广阔的发展空间，兼济天下。每个生命来到这个世界，加入这个家庭，都和彼此之间有莫大的缘分。我希望每个孩子的童年都能被善待，能在爱与关怀中健康成长。

02 成长之中的价值观塑造——父母的引导

若说哪个学段的老师是最难当的，那一定是初中老师；同样，哪个学段的家庭教育最为关键，也无疑是初中阶段。

初中是孩子身体和心灵快速发育的时期，尽管他们尚未形成稳定的价值观，但已经有了自主的想法。这个阶段的孩子敏感、多变且具有较强的可塑性。因此，初中阶段的家庭教育尤为重要，必须给予孩子正确的引导。

"物以类聚，人以群分"，人在成长的过程中总是倾向于与自己相似的人交往，并且这种群体划分会随着个体成长而越来越细化。我清晰地记得初中物理老师说过的一句话："你们以后读高中、大学，直到参加工作，会发现自己与初中同学的差别越来越大，距离也越来越远，这些差异最终会让彼此感到难以跨越。"虽然我不认为人和人的差别有纵向的等级优劣之分，但一定存在横向的差异特征。所以，初中阶段的孩子在学校里会遇见很多与自己未来差异很大的人，接触到很多自己无法判断的观点和行为。这一时期，他处在身心灵巨大变化和对世界充满好奇的探索阶段，家庭教育的关键在于耐心聆听、利他帮助和智慧引导。

耐心聆听和利他帮助意味着要站在孩子的角度去理解他们遇见的问题，并帮助他解决问题。"弯下腰，低下头"就是从孩子的角度看问题，这样才能真正理解他们的世界。我在初中的时候非常在意自己的外表形象，认为打扮得好看不仅能增加自信，还能更好地与同学相处。但是，老师通常只关注学生的成绩，反对学生花时间在与学习无关的事情上，比如打扮自己等。幸运的是，妈妈非常理解我的想法，她能够站在我的角度看待问题，我们一起逛街时，她让我自己挑选衣服和鞋子，希望我每天都能自信地去学校。现在回想起来，人的自信源于多方面，一方面的自信可以带动其他方面，相互联系。家长的理解、肯定、支持和鼓励是青春期孩子最坚实的后盾，不应过度强调学习而否定孩子的天性。

余帅说

> 大人常常站在自己的角度要求孩子，一旦孩子的表现不符合预期，就认为孩子叛逆、不听话，进而唠叨、批评，甚至责骂或体罚。然而，家长自己也曾是那个'不成熟'的孩子。
>
> 当颜同学在意自己的外表形象时，颜妈妈的做法是一个很好的榜样。理解孩子的天性非常重要，满足孩子的合理需求后，孩子会更愉快、专注地投入学习。试想一下，如果当初颜妈妈否定了颜同学，以一个初中生的'固执'，她可能会偷偷打扮，母女关系也会恶化。这样一来，颜同学有任何心事都不会再与父母沟通，甚至会更加叛逆，花费更多的时间对抗父母而不是专注学习。

经过自己的学习反思，我认为，智慧的引导是指家长要站在正确育人的大视角下，用大格局去帮助孩子处理青春期遇到的问题。当前的家庭教育，总是希望用统一的量化标准评价教育结果。所以，很多孩子在18岁之前的人生目标仅仅就是好好学习，考上大学，而对考上大学后的人生规划则一无所知。这表明孩子的视野有多宽广，取决于父母的格局有多大。

我上初中的时候是班长，成绩较好。当时老师把全班分成了多个小组，每个小组由不同成绩段的同学组成，目的是让成绩好的同学帮助成绩较差的同学，而我就是其中一个小组的组长。每天晚上都会有很多同学打电话来我家请教问题，父母知道后非常支持，并鼓励我大胆去做。每当我和组员之间发生矛盾时，我会向妈妈倾诉，她会耐心地教我如何化解矛盾，并引导我如何激发组员的学习信心，还让我要理解、包容和帮助同学。所以，从初中到高中，我一直乐于帮助"学困生"，与他们谈心，给他们讲解题目。这不仅让我收获了友谊，也加深了我对于知识的理解，增强了我的学习信心。这一切都归功于妈妈在我价值观上的引导，这些价值观让我终身受益。

余帅说

"面对'学困生'，尤其是调皮捣蛋的同学，许多家长的做法是让孩子远离他们，避免干扰。相比之下，颜妈妈的做法非常出色，不仅通过帮助'学困生'为孩子树立了良好的价值观，还通过'费曼学习法'提升了孩子的成绩，让孩子收获了友谊。

这些年，我去了很多地方学习，参加了许多培训会，发现越成功的人越懂得利他精神的重要性。利他不仅是帮助他人，也是成就自己。读到这里，我对颜妈妈的教育方法更加敬佩，她的做法的确值得学习。"

中考那年，我超常发挥，考了年级第一。这是我第一次考到年级第一，这样的成绩是我以前不敢想象的。我常常感慨自己当时运气之好，但转念一想，这或许是因为初中三年我为自己积攒了很多"好运"。

随着年龄的增长，我愈发体会到，成绩只是人生的很小一部分，在初中阶段帮助孩子树立良好的价值观，将使他们受益终身；反之，则可能误了孩子终身。虽然成绩和道德没有必然联系，但教育必须是有道德的教育。

03 成长之终的个体化实现——父母的尊重

我个人理解，教育最终的目的是唤醒个体生命中最本能的能量。小孩子总是充满灵气，眼神纯洁，因为他们的生命如同一张白纸，蕴藏着巨大的天然能量。然而，在成长的过程中，有些人的这种能量泯灭了，而有些人的能量被激发了出来。高中阶段的家庭教育尤为重要，其核心在于激发孩子的独特能量，而不是将孩子与他人比较，更不应拿自己孩子的缺点与别人的优点相比。承认、发现、激发和保护个体的独特性，是教育最大的成功之处。

高三下学期，学校给每个班级发了一些向日葵种子，希望班主任能组织孩子们一起播种，并共同见证花开的时刻。当时是2月，向日葵预计在5月末开花，这也意味着我们即将成年、毕业并迎接高考。我非常喜欢和同学们一起种下的向日葵，每天都会去教室的阳台上看操场大树旁它们的生长情况。第二十一天，向日葵破土而出了，那一刻的惊喜给我带来极大的心灵慰藉和震撼。这些慢慢长大的向日葵，就像为了高考而奋斗的我们，在黎明前的黑暗里积蓄力量。

妈妈知道我非常关心班上的向日葵，每天早上送我来上学后，她都会去操场给我们班里的向日葵浇水、施肥（用自制的果肥）。有一天下午放学，我发现班里的向日葵全蔫了，晚自习也没有去上。我非常着急和伤心，哭着给妈妈打电话。她立即找来了专业的花匠叔叔。经过分析，发现是施肥过多导致的。花匠叔叔迅速处理，几天后，虽然有两盆向日葵没能救活，但剩下的又重新挺立起来。<u>那天晚上班主任非常生气地给妈妈打电话，说我为了向日葵的事情竟然"翘掉"了两节自习课。"翘课"对于一个高三学生来说的确是一种严重的行为。妈妈听到班主任的话后表示理解，并解释说："因为我的女儿是一个非常有爱心的孩子，也感谢老师的批评，学习的内容我会督促她后面补回来。"</u>

余帅说

"通常情况下，班主任打电话告知家长关于学生的不当行为时，大多数父母会不问青红皂白地直接责怪孩子，这无疑会给孩子'雪上加霜'。孩子被老师批评，又被父母责骂，再加上心爱的向日葵死去，孩子会觉得美好的世界突然坍塌了，自己没有被理解和关爱。这对一个高三学生来说，内心会受到很大的打击，甚至可能像向日葵一样失去生机，之后的日子也会因此耿耿于怀。

> 颜妈妈的做法再次让我感动，她牢牢守护住了孩子的爱心，理解、支持、陪伴孩子，关心孩子内心健康，而不仅仅是成绩。正因为如此，孩子再次看到向日葵绽放时，感受到在黎明前的黑暗中积蓄的力量，这份力量给予她极大的心灵慰藉，帮助她度过了最煎熬的高三时光，并如愿考入了理想的大学。

高考的前一天，我们清空了教室里的所有物品，全班同学来到操场与向日葵合影。它们长得比我们还高，金黄璀璨的花朵仿佛在为我们即将到来的"战役"加油助威。盛开的向日葵象征着我们肆意生长的青春。那一刻，我感到内心充满了积极的能量和对未来的期待。18岁那年的夏天，我们都各自奔赴前程，散落在天涯海角，开启了崭新的人生旅程。而家庭教育，就像一份珍贵的行囊，伴随我们的一生。

在高考填志愿时，我坚定地选择了教育学专业，而后从华东师范大学保研到北大教育学，六年的时间里，学习了很多教育学理论，也尝试做了一些教育学研究。然而，每当反思自己的成长之路，才愈发明白，教育需要"返璞归真"而非"精雕细琢"。家庭教育给孩子的力量不是来自"望子成龙的期待"而是来自"观察式的陪伴"，"顺其自然"往往能给天性以空间，"机关算尽"反而容易让生命崩盘。在如今教育"内卷"的社会大背景下，人本身的成长，依然遵循着最纯朴的自然规律，家庭教育无外乎"在该陪伴时陪伴，在该放手时放手"。

"听话式"家庭教育

从"听话""叛逆"到"独立自主"

学校：北京师范大学
姓名：许雄
2022级 科学与技术教育专业

家庭教育对每个人来说是最基础的，也是最有影响力的教育形式。在我的成长过程中，家庭教育几乎渗透到生活的方方面面，深刻地塑造了我的性格和价值观。

心理学家埃里克·艾里克森（Erik Erikson）在其心理社会性发展理论中指出，人类一生中会经历八个关键的发展阶段，每个阶段都需要解决特定的心理社会挑战，而家庭在早期的几个阶段中扮演着至关重要的角色。

例如，在婴儿期的"信任对不信任"阶段，父母的爱与关怀决定了孩子是否能对世界建立安全感；在儿童早期的"自主对羞怯"阶段，父母提供的自由和支持则直接影响孩子的自信心；而在学龄期的"勤奋对自卑"阶段，家庭教育对于孩子的自我效能感的建立尤为关键。这些理论提醒我们，家庭教育不仅仅限于学业上的指导，它深刻地影响着孩子的心理健康和社会适应能力。

在我的成长过程中，家庭教育在各个阶段都起到了关键作用。从小时候接受的基本规矩教育，到青春期时与父母的冲突与和解，再到成年后对父母的理解与感恩，家庭教育不仅塑造了我的个性与价值观，还成为我应对生活中各种挑战的核心力量。接下来，我将结合自己的经历，分享一些我对家庭教育的深刻体会。

01 童年的规矩与温暖

我的童年可以用两个关键词来概括：规矩和关爱。父母为我设定了清晰的生活规范，例如，按时吃饭、准时睡觉、不挑食，以及每天完成作业后才可以玩耍。小时候，我对这些规矩的态度是被动遵从，因为父母的话就是"权威"。每当我试图打破这些规矩时，都会得到严肃的提醒，有时还会受到轻微的惩罚，比如玩耍时间减少或承担额外的家务。

印象最深的是父母对"诚实"的重视。有一次，我因为怕挨骂而撒了一个小谎。当我撒谎被父母发现时，他们没有直接责备我，而是给我讲了一个"狼来了"的故事，让我反思"撒谎的后果"。这种方式让我深刻地记住了诚实的重要性，而不仅仅是害怕惩罚。

除了对诚实等规矩的重视，父母的爱还体现在生活的点滴细节中。小时候，每晚睡觉前父母都会轮流给我讲故事，那些关于勇敢、善良和智慧的故事成了我睡前的美好回忆。父亲在冬天总会早起，为我准备热乎乎的早餐；母亲在我生病时，整个夜晚都陪在我身边。这些细节让我感到自己是被深深爱着的。

这种爱的表达不是通过语言，而是通过默默的付出。父母的这些细微行动不仅让我感到家庭的温暖，也让我深刻体会到家庭教育不仅仅是规训，更是深深的情感滋养。父母的无私付出让我在成长过程中逐渐建立了对世界的安全感和信任感。

02 青春期的反叛与磨合

进入青春期后，我的内心发生了微妙的变化。以前我总是按父母的要求行事，但随着年龄的增长，我开始渴望更多的独立与自由。尤其是面对学业和未来的选择时，我与父母之间产生了明显的意见分歧。

高二时，我对未来的职业规划有了自己的目标。当时，受到湖南台综艺节目的影响，我很想成为一名主持人，父母却希望我选择一条更为稳定的职业道路。于是，我们开始了无休止的争执。父亲坚持认为"稳定的工作才有保障"，母亲则更注重我是否能够"体面"地生活。他们认为，主持类的职业不稳定，而我认为兴趣和激情才是最重要的。那时的我，觉得他们不了解我，只是希望我按照他们的意愿过一生。

我们的争论有时变得非常激烈，几乎每一次谈论未来，都不可避免地变成了一次小冲突。尤其是在高考的压力下，我感到一切的压力都来自家庭。父母的一句"你必须学好这门功课"，让我觉得自己像是被套上了枷锁。然而，每当我冷静下来反思，我又能理解他们的担忧。毕竟，他们是希望我能有更好的未来，过得安稳，而不是在充满不确定性的艺术行业中徘徊。尽管争执不断，但这些经历也让我逐渐学会了如何更好地沟通和理解父母的立场。最终，通过坦诚交流，我们找到了一个折中的解决方案，既尊重了我的兴趣，也考虑了他们关切的事。

有一次，为了参加一场学校的文艺活动，我违反了父母的规定，翘了一堂重要的复习课。事后，我感到内疚，并意识到自己可能真的做错了。但父母没有像我预想的那样大发雷霆，而是静静地坐下来，和我进行了长时间的谈话。父亲对我说："每个人都有自己的理想和追求，但无论做什么事情，都需要对自己负责，尤其是学习。你的选择，我们尊重，但你也要为自己的选择负责。"这番话让我深受触动。我开始明白，家庭教育不仅仅是为了让我成功，更是为了让我懂得自律，学会在选择中权衡利弊。

余帅说：

"尊重孩子的选择，但也要让他们为自己的选择负责，这是许多家长很难做到的一点。例如，当孩子逃课时，大多数家长得知后往往会破口大骂，结果发现孩子不仅听不进去，之后的行为反而更糟。而许同学的父母选择心平气和地和孩子交谈，在一定程度上有助于孩子更好地接受父母的想法。

父母的任务不是在孩子犯错后劈头盖脸地责骂，而是帮助他们找到解决方案或吸取教训。通过这次错误带来的痛苦和教训等，让孩子能够成长，避免再次犯同样的错误。最终，我们要的是让孩子从错误中学习，而不是简单地惩罚他们。"

然而，这一过程中，我感到无比地矛盾。父母的爱并没有完全按照我希望的方式表露，有时他们的"严厉"让我感到压抑，但他们始终给我一个属于自己的空间。这份矛盾又让我更清晰地看到父母爱的背后——他们的担心、坚持和疲惫。父母的言行往往存在某种自相矛盾的地方。例如，有一次，他们告诉我："在外面好好照顾自己，该花的钱还是要花。"但有一次他们却说："家里不容易，花钱时要节省点。"他们在表达爱的同时，却无意中增加了我的心理压力。父母一方面告诉我"我们都爱你"，但又在不断地要求我去努力，去读书，去兑现他们的期望。这种言行不一常常让我产生混乱与迷茫，无法真正理解他们的意图。

这也让我想起了北大教授在心理学中的一个观点——"失望性情感隔离"。这种情感隔离源于父母在我早年未能给予足够的理解与支持，许多情感诉求并未得到回应，导致我在成年后对父母产生了情感隔阂。这种心理上的隔离机制，让我在面对父母时，常常觉得他们不再是我情感的依靠，反而成了我心理上的"负担"。这一理论在我的成长过程中得到了验证。在这种长期的情感缺失下，我变得更加独立，甚至在情感上与父母产生了距离感。

我常常想，亚洲父母的爱就是这种"刚刚好"的爱：既没有让我感到爱意的满溢，也没有让我觉得被忽视或冷漠。每次向父母要钱时，母亲总是先叮嘱我"不要乱花钱"，而当我说钱不够时，父母又总是很快拿钱，让我心生愧疚。在这种情况下，我不禁感到矛盾，一方面觉得父母的这种行为让我产生深深的负罪感；另一方面，我又深知他们工作辛苦，为我付出了很多。每次我都在讨厌、反感与心疼之间徘徊，不知如何平衡自己内心的这种矛盾。其实，我一点都不喜欢这种感觉。

余帅说

"父母言行自相矛盾的情况非常常见。比如，一方面，他们告诉孩子不要太拼，以免影响身体；另一方面又无法接受孩子不努力，影响未来。简而言之，家长的焦虑会传递给孩子，形成恶性循环。只要家长一焦虑，孩子也会变得焦虑，进而影响他们的学习表现。

在我看来，导致家长焦虑的主要原因在于他们关注的焦点是错的。大多数家长只关心孩子的成绩，而不是孩子自身的成长。成绩有好有坏，一旦成绩不理想，孩子往往受到斥责，导致孩子压力增加。但谁能保证自己的孩子一定是成绩好的那个呢？

其实，家长应该更多地关心孩子的成长，而不是单纯的成绩。这样，孩子才能有更好的发展。"

03 大学时期的独立与成长

　　大学是我人生中第一次完全远离父母、独立生活的开始。那天，我和父母一同走进宿舍，周围的一切都显得那么陌生，空气中弥漫着紧张和期待。对于从小到大都是走读生的我，这次住进宿舍是一个巨大的挑战。以前，家是我日常生活的中心，父母的唠叨和看似无处不在的关心始终环绕在我身边，而现在，宿舍里只有我和三位陌生的舍友，周围的一切都变得那么陌生和空荡。我突然意识到，大学的生活并不如我想象的那样轻松自在，而是充满挑战的自我独立生活的开始。

　　初入大学的那些日子，我和舍友们的关系还处在摸索阶段。我们来自不同的城市，有着不同的生活习惯和文化背景，开始共同生活。每个人都带着各自的包袱，怀着对未来的憧憬和迷茫。在这样的环境下，我既感到兴奋，又常常感到孤独。虽然在课堂上，我和同学们有了更多交流，但回到宿舍，面对陌生的环境，我常常感到一种无法言喻的空虚。晚上躺在床上，时不时回忆起家里温暖的饭菜，母亲在厨房里忙碌的身影，以及父亲轻轻拍打我的背部让我安心入睡的情景。我深深意识到，自己从未真正体会过什么叫作完全的独立。

　　最初的那段时间，我的生活几乎没有任何规律。课业上的压力一点点积累起来，我试图通过晚睡来完成作业和复习，却发现这种方式根本行不通。每次熬夜之后，第二天上课时，我都昏昏欲睡，效率低下。过了几周，成绩开始有所下滑，焦虑感也逐渐袭来。父母的话常常在我脑中回响，尤其是父亲曾对我说的那句："做事要有计划，不能漫无目的地浪费时间。"回想起来，这句话不仅仅是一种提醒，更像是在培养我的责任感。它让我意识到自己不能再依赖父母的安排，而是应该为自己的人生负责。

于是，我开始试图建立起自己的生活秩序。每天我都会制订详细的学习计划，将任务分解成可执行的小步骤。最初我觉得很吃力，毕竟没有父母的监督，我的自律能力远达不到他们的期望。但随着时间的推移，我逐渐感受到规划带来的好处：我不再有无谓的焦虑和临时抱佛脚的痛苦。我逐渐找到自己生活的节奏，生活变得有序起来。

与此同时，作为一名教育学专业的学生，我在课堂上接触了许多关于教育的理论和案例，尤其是家庭教育对孩子成长的重要性。这些内容让我开始反思自己与父母的关系，以及他们是如何影响我的成长的。我开始更加理解父母对我教育中的一些"严厉"做法。父亲总是要求我严格规划自己的时间，母亲则时常提醒我要保持节俭，他们从未告诉我"放松"或"享乐"，而总是在强调"责任"与"自律"。那时，我并不能完全理解这些要求背后的意义，只觉得自己被困在一个无法突破的框架中。而现在，通过课堂学习和理论知识的启发，我逐渐认识到，父母的教育方式实际上是出于对我的关爱。他们不只是想让我取得优秀的成绩，更多的是希望我能在未来的社会中变得独立和坚强。

我开始对父母的言行产生了新的理解。特别是在我与舍友们的相处中，我更加重视"尊重"与"沟通"。刚住进宿舍时，我和舍友之间也有过一些小摩擦。我们每个人都有不同的生活习惯，有的舍友喜欢熬夜，有的则早早上床休息。最初，由于彼此不了解，我曾对舍友的行为而产生过不满，甚至与他们发生过一些争执。但很快，我意识到，这种做法无益于解决问题。于是，我开始尝试去理解他们的想法，主动与舍友沟通，互相磨合。

余帅说

"之前我提到要多关注孩子的成长，是因为到了大学后，孩子不仅需要学习知识，还需要培养其他习惯和认知，让自己变得更独立。如果家长一味地关注成绩，忽略了孩子其他方面的成长，孩子很容易出现躺平的现象。尤其是在普通大学里，大部分学生都得过且过，感到非常迷惘，也不知道如何规划未来。由于没有了中高考的压力，他们往往会一下子放松下来，可能旷课，或者整天玩手机、打游戏，稀里糊涂地度过四年。毕业时才后悔宝贵的四年时光没有积累技能，导致他们找工作时几乎没有竞争力。

尽管许同学在初高中时无法去深刻体会父母在行为、品性和社交方面的建议和提醒，但随着年龄的增长和经历的积累，他会逐渐明白父母的良苦用心。因此，父母应该从小开始培养孩子学习以外的习惯，帮助他们在未来的生活中更好地应对挑战。"

我还记得父母常教导我的"真诚"和"宽容"。这些品质不仅适用于对待朋友，也应当成为自己与内心对话的一部分。在面对自己内心的迷茫与焦虑时，我学会了接纳自己的不足。我不再一味追求完美，而是学会容忍自己的缺点，接纳自己成长过程的不足。父母的这些教诲和生活带来的反思，让我在大学生活中获得了更大的成长。

随着大学生活逐渐深入，我开始发现，原来真正的独立不仅仅是生活上的自由，更是一种内心的成熟。它要求我不仅要培养自己的自理能力，还要学会在情感和思想上独立。在学习与生活中，我学会了如何与自己和解，如何在困境中寻找解决问题的路径，如何在复杂的社会中找到自己的立场和声音。这一切都离不开父母在我成长过程中所给予的爱与尊重。

正如艾里克森的心理社会性发展理论所指出的，家庭教育的影响贯穿我们整个生命历程。从孩童时期的信任感到青春期的自主发展，再到成年后的亲密关系与社会责任，每一步的发展都与父母的教育息息相关。如今，当我站在大学的校园里，回望过去的岁月，愈发明白父母的用心良苦，也意识到家庭教育在我人生中占据的重要位置。它不仅塑造了我的人格，也为我在大学生活中的独立与成长奠定了基础。

> **余帅说**
>
> 到了大学，尤其是在进入社会以后，我发现我的很多行为会无意识地去模仿父母，甚至谈恋爱时的一些细小习惯也是如此，尤其是到了30岁以后，我会猛然发现，自己和父母越来越像。这让我越来越认同一句话：父母是原件，孩子是复印件。
>
> 因此，在孩子成长的过程中，父母也应多加重视自身的行为。因为在未来的十年或二十年后，孩子可能会变得和你非常相似，他们会模仿你的恋爱习惯、教育理念、生活方式和社交习惯等。所以，父母应让自己变得更优秀，成为孩子最好的榜样。

04 反思与传承

我在大学和研究生阶段都专注对教育学的学习，因此对家庭教育有了自己独特的看法。家庭教育作为孩子成长过程中的第一课，深刻地影响着孩子的一生。回顾自己的成长经历，我愈发深刻地体会到，父母所给予孩子的不仅是单纯的物质支持，更是那份深沉的爱与尊重，这才是孩子最宝贵的财富。真正明智的父母，会站在孩子的角度思考问题，倾听孩子的心声，接纳孩子的情绪，回应孩子的需求。他们用爱的语言与行动来指引孩子走向正确的成长之路，而不是一味地批评和打击。

学习是孩子成长的重要部分，父母的态度和方式直接影响孩子的学习动力和态度。父母的言辞是孩子成长路上的指引和力量。在孩子学习的过程中，父母如果能给予鼓励与支持，孩子便能在轻松而温暖的环境中，找到学习的兴趣与信心，进而在学业上不断进步。当孩子在学习中遇到困难时，父母的态度尤为重要。批评和责备只会让孩子对学习产生抵触情绪，甚至丧失自信。相反，如果父母能够站在孩子的角度，耐心倾听他们的困惑，给予适当的建议和情感支持，孩子便能从中汲取力量，重拾对学习的信心。

但我们也要认识到，学习的最终目的是帮助孩子认识世界、实现自我，而不是单纯地满足父母的期待。孩子的成长是一个漫长的过程，他们的学习成绩并不能代表一切。父母需要关注的不仅仅是孩子的学业成绩，更要关注他们在学习中的心理状态和情感需求。通过陪伴和支持，父母可以帮助孩子找到适合他们的学习方法，激发他们的内在驱动力，让他们在学习中收获成就感和喜悦。

余帅说

"最近流行的一个词是'情绪价值'。我们如今的家庭教育往往偏重成绩价值。成绩决定了父母对孩子的态度。孩子因为某件事快乐、兴奋或痛苦、伤心时，父母并不关心这些情绪，只关心这件事对学习有什么影响。结果，孩子的情绪无法得到释放或理解，时间久了，亲子关系也会变得疏远。

到了大学，你会发现很多孩子只会在需要生活费

> 的时候与父母互动，其他事情几乎不沟通。这也是因为在孩子的早期成长过程中，父母没有提供情绪价值的结果。更直观的例子是，毕业几年后，父母可能开始催婚，他们根本不关心你能否找到真爱，也不关心以后是否会离婚，更不关心你是否有结婚的需求。只要你结婚并有了后代，他们的任务就算完成了。于是子女越来越不想回家。他们宁可在大城市孤苦伶仃地拿着微薄的薪水勉强生存，也不愿意回家听日复一日、一成不变的唠叨。
>
> 注重为孩子提供情绪价值，培养出来的孩子会更加幸福，家庭也会更加和睦。

父母的言辞，甚至是一个无心的表情，都可能在孩子心中留下深刻的影响。如果父母用鼓励和尊重引导孩子的学习，孩子将在成长路上看到希望的光芒；相反，如果父母用责备和打击来对待孩子的学习，孩子可能会在荆棘丛生的道路上迷失方向。在我的成长中，正是父母的耐心和支持，让我在学习的困难面前没有轻易放弃，而是学会了坚持和努力。

孩子从来不是父母的附属品，而是独立的个体。每个孩子都有自己兴趣和方向，他们的成长并不会完全符合父母的期待。正因为如此，父母必须学会尊重孩子的独立性，并根据孩子的发展不断调整自己的教育方式。我们不能要求孩子按照我们的设想成长，而是应该理解孩子的独特性，并在适当的时机给予他们适当的引导。只有这样，孩子才能在自由与爱的氛围中找到自己的道路，成为最好的自己。

家庭教育就像一颗种子，在孩子心中生根发芽，逐渐释放强大的力量。它不仅塑造了我的人格、习惯和能力，更让我在面对外界的种种挑战时，始终感到内心的平和与力量。

"师友式"家庭教育

——

从小懂事、
让人省心的学生

学校：武汉大学
姓名：小优
2021级 汉语言文学专业

每当有人问我父母是如何教育出如此优秀的孩子时，他们总轻描淡写地回答："孩子自己懂事，我们没怎么操心。"从表面上看，我似乎是一个让人省心的孩子。然而，事实并非如此。

01 给信任、给空间，独立自主成长

客观来说，我在学习上并不自觉、拖延严重、喜欢偷懒、注意力难以集中。这些特性从小便已显现：寒暑假作业总是拖到开学前夜才仓促完成；小考全凭运气和些许小聪明过关；大考则需要临时抱佛脚，废寝忘食。尽管如此，他们始终了解我的不足，从小到大不断提醒我："快去写作业！""作业写完没？""先写完作业再玩岂不是更开心？""别磨蹭了，磨洋工呢？"这些话不绝于耳。起初，我对他们的"念叨"虽然认同却难以实践。时间久了，他们意识到，孩子慢慢长大，过多的唠叨只会增加彼此的负担。于是，他们逐渐减少干预，转而让我承担更多的责任。

随着他们唠叨的减少，我开始感到不安，发现没有人推着

我走了，我需要主动关心自己的事务了。在初期，这种转变令我不适，甚至向父母抱怨，自己被他们忽视了。他们解释道："你已经长大了，要学会对自己负责。我们不能管你一辈子。"我从被父母"踢一脚走一步"到渐渐明白：成长意味着没有人会一直推动你前进，必须独立面对并解决问题。

> **余帅说**
>
> "小优真正的独立始于父母不再事无巨细地管她时。当父母过度关注小优时，反而可能成为她的羁绊，不仅影响孩子的成长速度，还增加了她额外的心理负担。会让孩子的心思放在如何避免和远离父母的絮叨上，长此以往，小优会感到越来越疲惫，甚至是厌烦。家长学会适时放手，往往能惊喜地发现孩子能够很好地自我管理。这样，孩子每天在学校面对学业压力的同时，回到家还能保持良好的心态和效率。"

现在回想起来，我意识到爸妈对我的教育方式非常讲究。在该操心时适当给予关注，在需要放手时则给予我空间。在我未形成明确的是非观时，他们会耐心教导我什么是对错，以及行为的后果。随着我不断成长，当我建立起一定的是非观和价值观并具备对自己负责的能力后，他们便放手让我按照我的想法去尝试。他们会在一旁默默支持，适时鼓励或提供帮助，并在我遇到困难时，第一时间提醒我反思。当我遇到不开心的事情时，他们激励我积极应对。这些都让我感受到他们始终陪伴和支持着我。

尽管如此，我深知成长是自己的责任，不能永远依赖父母。为了走好自己的路，我会认真考虑每一个决定，尽心完成每一项任务，尽量独自承担失败的教训。这使得我在学习上变得更加自主。比如，当我想玩耍的时候，我会先检查学习任务是否按时按量完成。面对大考小考的压力，我会调整心态，将考试视为检验学习成果的方式而不追求分数。成绩优秀时就继续努力，成绩不佳时则分，及时分析原因、总结教训，更换学习方法或调整策略。

我身边有一些家长难以放手让孩子独立，但我父母在这方面做得很好。他们明白孩子是一个独立的个体，有自己的承受能力和思维能力。因为孩子总会长大，他不是父母的附属品，父母对孩子最周全的爱就是让他学习独立自主，把孩子当成一个完整的独立的人来看待，平等地交流，尊重孩子的想法，相信他们的决定，并给予鼓励支持和陪伴。从小到大我与父母的关系，更像无话不谈的好朋友，我们经常坦诚交流彼此的困扰和想法。

从幼儿园开始，我就习惯于在放学的路上手舞足蹈地向父母分享我一天的经历和感受。他们也总是饶有兴趣地倾听，而不是忽视我的表达欲。初中时期，爸爸每天风雨无阻地接送我上学，我们常在车上讨论各种话题，爸爸非常厉害，上知天文下知地理，这进一步激发了我对知识的兴趣和与爸爸交流的愿望。

青春期给孩子和父母都带来了挑战，青春期的我会产生一些莫名的苦恼，而父母一直是我最亲密、最值得依赖的朋友，让我顺利地度过青春期。即使偶尔发生争执，爸爸总是第一时间倡导理性沟通，强调表达需求的重要性。比如，他会心平气和地拉着我和妈妈的手说："我们要讲道理，对不对？有话要交流和沟通。"所以，我们之间的矛盾很少升级为负面情绪的爆发，有效避免了很多伤害彼此的无效争吵。

> **余帅说**
>
> "很多家长因为过度关注孩子的学业而忽视他们的内心需求，时间长了就导致孩子不愿意和家长分享生活点滴。相反小优父母的做法——成为孩子的倾听者和朋友，用心聆听孩子在学校里发生的趣事，真正关心他们内心的世界，能够增进亲子间的信任与沟通。这种方法不仅促进了家庭和谐，还增强了孩子的自信心和独立性。"

对于每个充满好奇心且渴望父母关注的孩子来说，父母认真倾听和理解重要性无可替代。我曾读到一本杂志中一个小女孩的心声："我觉得妈妈有自己的世界，她总是待在自己那个世界里，我根本进不去，我说话时，她就像没听见一样，没有任何回应，我真的非常难过。"这段话让我深深地体会到她的失落与难过。虽然我的父母在倾听方面做得相当不错，但偶尔他们因为疲惫或忙碌而敷衍回应甚至不予回应时，我也同样感到失望。

对孩子来说，父母的反应是孩子非常在意的事情。如果孩子说话时得不到父母的关注，他们可能会想："为什么爸爸妈妈不理我？是不是我的想法不重要？"这种内心的孤独和挫败感会导致孩子的自我怀疑、自我否定，进而削弱他们的自信和勇气。

余帅说：

"孩子的世界极其敏感，如果你不用心回答他们的问题，只是敷衍了事，他们很快就能察觉。时间长了，他们会认为父母不爱自己，不想听他说话，从而导致自我怀疑。久而久之，孩子可能会变得越来越沉默，不再愿意敞开心扉与人沟通。所以，如果你发现孩子现在不太爱说话，不妨回想一下，在他小时候是否对他缺少了足够的倾听和关注。"

对于孩子来说，父母的支持和爱如同成长路上的定心丸，赋予孩子一路向前的勇气和安全感，使他们明白无论走多远，父母永远在背后支持和鼓励自己。这种支持和爱不仅体现在用心倾听孩子的想法上，也体现在支持和尊重孩子的决定上。我的父母一直很尊重我的意见，无论是小事还是重大决策，都会让我自己做决定。他们不会强迫我吃不喜欢吃的食物，也不会逼迫我进入不喜欢的学校或学习不喜欢的专业。

很多家长未能将孩子视为独立的个体，总认为孩子的想法过于天真，不成熟，甚至认为小孩的决定往往是错误的，所以忽视孩子的喜好和意见，擅自替孩子做决定。这种做法容易引发孩子的叛逆心理，最后导致双方身心俱疲，内心充满抱怨和委屈，这对双方都没有好处。

> 余帅说：
>
> "越是把孩子当作一个独立的个体对待，孩子越能自信成长。小优能考上名校，离不开父母对她的尊重。只有当孩子感受到被尊重，拥有自主权时，才能更好地探索这个世界，专注于学习。如果父母事事都替孩子做决定，孩子会逐渐变成提线木偶。随着他的成长，会开始反抗，和父母斗智斗勇，试图'夺回'自己的自主权。比如，孩子可能会故意和父母对着干，即使父母是对的也不听，非要争辩一番。失去自主权的孩子难以安心学习，更谈不上找到学习的乐趣和价值。"

"你觉得要怎么选？""无论你怎么选择，我们都会支持你。"这是我的爸妈常对我说的两句话。初二的那个暑假，我参加了两个学校的选拔考试都通过了。接到通知后，爸爸和我在客厅讨论，他分析道："你通过了两所学校的选拔考试，被录取了。是否要转学及选择哪所学校，决定权在你手中。第一所学校是公立学校，学费较低，但选拔的同学较少，你需要作为插班生进入现有班级，融入班级可能会有挑战。不过，那里的老师是我熟悉的朋友，可以更好地关注你的学习情况。第二所学校是私立学校，学费较贵，但教育质量较好，竞争压力也更大。这所学校专门为你这样的插班生组建了一个新班级，融入会更容易。"

在听完爸爸的分析后，我毅然决定转学到第二所学校。尽管从父母的角度看，他们可能更希望我去第一所学校，因为那里竞争压力较小且有熟人关照，但他们依然尊重了我的决定，我没有辜负他们的信任，在自己选择的路上稳步前行。正因为是自己做的决定，我也清楚任何责任都要自己承担，遇到的困难不能怪罪他人或依赖他人。这一路走来，无论艰辛与否，我都感到踏实坚定。

余帅说：

"正因为父母让小优自主选择并尊重了小优的决定，她才能全力以赴地面对新的挑战。设想一下，如果父母干预了小优的决定，选择了第一所学校，那么小优内心肯定会不高兴。即使最终取得成功还好说，但如果结果不如意，小优一定对当初的选择心存抱怨。所以，尊重孩子的选择不仅是对孩子最有效的帮助，也是最合理的做法。这样不仅促进了孩子的成长，还增强他们的责任感和独立性。"

02 尊重孩子，成为他们永远的后盾

尊重孩子的决定，并不意味着放任孩子独自去闯荡，对他们的行为不闻不问。真正尊重孩子的决定意味着父母要与孩子一起承担结果，并为这一决定负责。同时，在孩子成长过程中，父母需要花时间倾听孩子的想法和困惑，及时进行沟通。

虽然我从初三开始独自在外求学，看似他们没有直接陪伴我的学习和成长，但我们始终保持着电话交流。即使面对面的时间减少了，心与心的距离并没有因此疏远。他们一直是我学习和生活中分享收获和寻求帮助的第一对象。

高三时，由于学习压力大、时间紧张，我极度缺乏安全感，常常打电话向妈妈表达思念之情。为了支持我，妈妈放下工作，在学校附近租了一间小房子陪我。我知道妈妈为了我付出了很多，她那半年放弃了自己的工作和个人生活，悉心陪伴我备考，每天变着花样给我做饭，休息时陪我散步聊天，总能在我状态不佳时及时发现并帮我调整状态。人们常说，无论多大，遇到困难时总会想叫妈妈，确实如此。妈妈是我的避风港，有她在身边，即使前路茫茫，心里也会无比踏实，因为她总是在背后支持我，让我只需向前迈进即可。

余帅说

"不少人会佩服小优妈妈的付出，她为了陪伴孩子度过煎熬的高三岁月，辞掉自己的工作。小优在学校时常打电话给父母，我相信很多孩子不会如此。许多孩子在高三不愿与父母沟通，甚至假期回家也会把自己锁在房间里。而小优能在这个年龄段依然愿意与父母深度沟通，相信这归功于父母前期对孩子意见的尊重、倾听和理解。这些做法使得小优在遇到任何困难或烦心事时，总是第一时间想到找父母倾诉并寻求支持。"

妈妈的一言一行常让我感受到，她在乎的不是我有多优秀或多成功，而是我能健康、幸福、快乐地成长。高考前最后一次模考，我没有发挥出全部实力，虽然结果不算太差，但内心的压力依然难以表达。尽管我努力调整心态，告诉自己不要急躁或崩溃，但回到家里看到妈妈的那一刻，眼泪还是止不住地流了下来。妈妈把我抱在怀里，我的哭声愈发响亮，完全无法控制。

过了一会儿，妈妈温柔地问我发生了什么事。我哽咽着说："妈妈，我觉得好累啊。我很努力地想要变得更好，但感觉一直没有进步。我担心如果考不好，说明没有进步反而退步了，呜呜……"我又忍不住大声哭起来。妈妈听完后，轻轻地拍拍我的背，摸摸我的头，帮我擦干眼泪，认真地看着我的眼睛说："宝贝，你不要有压力，你已经很棒了。爸爸妈妈一直都觉得你很棒，我们不指望你考上什么名校，只要你健康快乐地长大我们就很幸福了。所以不要给自己那么大的压力，好吗？"

这些看似平常的话语，却真诚地卸下了我肩上的重担。很多时候，我们的压力都来自害怕自己在乎的人失望，尤其是父母。但当他们告诉你，只希望你健康快乐，即使考不上好大学也不会让他们失望时，那种前进的压力瞬间消散。"你只管往前，爸妈永远是你的后盾。"这句话真的给予了我无穷的力量。

余帅说：

"我常对家长说，关心孩子的内心比关注成绩更重要。就像小优的父母一样，他们真正关心的是孩子内心的健康成长，而不是成绩有多好或能否考上名校。小优在高中因考试压力而崩溃大哭时，妈妈的一番话让她意识到，所有的压力都源自自我施压。那一刻，她心灵得到了释放。正是这次压力的释放，使得小优的心更加稳定了。对于高三的学生来说，良好的心态至关重要。这也是后来小优能考上武汉大学的重要因素之一，因为她不再害怕没考好会让父母失望。内心没有惧怕，才拥有一往无前的勇气和动力。"

爸妈不仅是我的坚强后盾，还是我人生的引路人。爸爸常自嘲"小事不靠谱，大事靠得住"。确实，在我人生的重要阶段，他总是给予我如山般的父爱和指引。初二升初三时，他建议我转学，起初我并不愿意，因为我已经在熟悉的学习环境中如鱼得水，何必跳出舒适圈去冒险？爸爸却语重心长地说："你在小池塘如鱼得水固然好，但如果把你放到大江大河甚至大海里呢？你能成为蛟龙吗？高考是与全省甚至全国的同学竞争，是在大海里的较量，若一直蜗居在小溪小潭里，你将无法迎接更大的挑战。"细思他的话后，我决定勇敢地跳出小潭，迈向更广阔的天地。

高三临近高考两个月时，我遇到了瓶颈期和疲怠期。爸爸得知后立刻来到我身边，与我促膝长谈。我告诉他，自己感到没有动力，每天高强度学习却看不到进步和收获。爸爸一针见血地指出："这是因为你没有明确的学习目标和规划。"<u>只关注眼前的试卷和题目自然会疲惫，在爸爸的引导下，我制定了具体的目标和学习计划，以及注意事项，并将它们贴在我的书桌前，时刻提醒自己前进的方向。这样做的效果显著，清晰的路径让我走得更加轻松。</u>每次坐在书桌前，我都会重温爸爸留下的纸条，仿佛感受到他的鼓励和支持。

余帅说：

> 正如小优所写，父母应是孩子的引路人，而不是直接的参与者。关键时刻，父母的及时引导让孩子走得更坚定。就像孩子在海上驾船行驶，父母不应接过孩子的方向盘或不断干预航向，而是要做孩子的灯塔，指明路线。遇到狂风暴雨时提供安全的港湾，晴空万里时一起欣赏美景、畅谈心声。所以，父母的角色在于支持和引导，而非替代和控制。

我很感谢我的父母，他们也是第一次为人父母，也曾有过忐忑和困惑，但是他们一直在学习和改进。感谢他们对我的呵护、陪伴、支持、理解与尊重，这些为我搭建起了强大而丰富的内心世界，给予我自信和力量，让我在安稳的环境中一路摸索、成长。他们像好朋友一样倾听我的喜悦和苦恼，包容我的奇思妙想，保护我的细腻和敏感，陪我谈天说地、畅想未来。我曾设想过理想的亲子关系，最终发现我和父母之间的关系正是我所期望的，既是良师益友，坦诚相见，彼此陪伴，共同成长，携手前行。

"身教式"家庭教育

——

用心去做，及时调整

学校：南京大学
姓名：徐梦瑶
2021 级 社会学专业

如果把孩子比作种子，家庭比作土壤，那么父母提供的良好家庭教育就如同土壤的空气、水分和养分，滋养孩子成长。这个过程不仅关乎孩子的心智发展、品格塑造、价值观构建，还包括对其社会适应能力的培养。我很感恩我的父母为我的成长提供了肥沃的土壤，使我得以健康发芽，茁壮成长为一棵树，不仅枝繁叶茂、自立自强，还能为周围提供荫庇。回望成长岁月里那些如繁星般珍贵的教育实例，我发现父母的言行举止、品德修养、生活态度都是鲜活的教材，他们所营造的教育环境与秉持的教育理念，深刻且长远地影响着我。正是在他们这般言传身教、耳濡目染之下，我学会了正确地洞察世界、汲取知识、塑造自我。接下来，我将从以下几个方面展示我的家庭教育是如何潜移默化地影响我的。

01 宽严相济，包容引导

在我小学时，父母对我的学习管理非常严格。初中开始学校有了晚自习，来自学校的监督逐渐取代了家长的监督。但恰恰是小时候那段被父母"管控"的经历，为我后来养成良好的学习习惯奠定了基础，让我在学校也能做好自我管理。这里所说的"管控"并非简单的控制，而是父母采取的一种传统的教育方式。

具体来说，工作日不能看电视只是其中的一部分，母亲每天还会给我布置额外的学习任务。比如，每天写一篇50~100字的日记，摘抄好词好句，背诵五个成语并解释其含义。如果没有完成这些任务，我是不敢出门玩耍的。

当时我觉得这些要求很古板，很多时候都是敷衍了事。比如，每天写日记，这让我很难找到有趣的内容来记录，使得写作变成了枯燥的任务，难以激发创造灵感和文采。大多数时候，我只是简单记录一天的日程。再如，摘抄好词好句这件事，我还专门买了一本好词好句大全，我也只是机械地抄写，没有真正理解和记忆。至于背成语，我常常在母亲下班到家前10~20分钟临时抱佛脚，然后趁着记忆还没消退找她抽查。虽然我对这些任务的态度十分敷衍，但不可否认的是，这些练习在一定程度上锻炼了我的写作能力、信息检索能力和速记能力，为我之后的学习奠定了基础。

在如此严格的学习管控机制面前，我仍然能施展许多小聪明来应对。比如，妈妈白天工作繁忙，可能会忘记我前几天背过的单词，我就投机取巧，在五个成语中夹杂一两个以前背过的成语来蒙混过关。至于摘抄好词好句，我会偷偷修改日期，把以前摘抄过的内容重复使用。

其实，一个30多岁的大人怎么可能看不穿小孩如此拙劣的把戏呢？但她从未揭穿我。她没有因为我敷衍了事或耍小伎俩指责、批评我。相反，她会因为我日记里用方言的发音捏造词语而哭笑不得，并耐心指正；在我背成语冥思苦想时，给予适当的鼓励和提醒；她也会因为我背出一个她并不了解的成语而觉得新奇，虚心求问。她的监督不是机械和盲目的。相反，她包容我作为孩子固有的玩性和调皮，用自己的方式引导我走进知识的殿堂。她主动和我探讨问题，耐心教授知识，甚至虚心请求我分享学到的新知。现在回想起来，正是因为妈妈这份难得的包容和耐心，以及她对我的尊重，避免了我产生逆反心理，让我在严格的"管控"机制下依然能够愉快地接近知识，保持探索的欲望。

余帅说：

"父母这种看破不说破，允许孩子耍点小伎俩，并在关键的时候指正或者'虚心请教'的做法，让我受益匪浅，也值得广大父母借鉴。通常情况下，大多数父母一旦看到孩子耍伎俩或偷懒，会立即批评指责孩子，这往往会导致孩子对学习产生厌恶情绪，久而久之，甚至可能引发孩子的厌学或叛逆情绪。适当尊重孩子是非常必要的，'这种尊重不仅能够避免引起孩子的逆反心理，还能帮助他们在轻松愉快的氛围中更好地学习和成长'。"

父母对我的宽严相济还体现在对我玩电子游戏的态度上。初中时，我迷上两款游戏：QQ 炫舞和球球大作战。这两款都是联网且带有竞技性质的游戏。当时我身边的邻居们都在玩。我没有手机，只能看着邻居们玩，仿佛打开了新世界的大门。

怀着试探的心理，我向父母提出在他们手机里安装游戏并借着手机玩游戏的请求。尽管父母对我的学业要求严格，我还是鼓起勇气提出了这个要求。出乎意料的是，他们同意了，条件是我必须先完成当天的课业，并且每天只能玩 30~60 分钟。这种把游戏作为奖励机制的做法，不仅督促我高效地完成作业，还让我在学习和娱乐之间找到了平衡。毕竟每天一段玩游戏的时光总是快乐且令人期待。这也激励我在学校认真上课，课后尽快完成作业，回家完成母亲布置的额外任务，以便能尽兴地玩游戏。

然而，渐渐地，我不再满足于这短短的几十分钟了。父母换新手机后，旧手机没有处理掉，我便偷偷拿来玩。平时爸妈检查完课业后，我会偷偷在房间里玩，有时玩上瘾了甚至很晚才睡；周末时，我会更加肆无忌惮，趁着父母不在家，我可以玩一整天。

这种偷玩的行为最终还是被发现了。那是一个周末，我在家里玩游戏，爸爸突然回家，打了我一个措手不及。我记得当时的慌乱和急忙藏手机的狼狈，但这一举动根本逃不过他那犀利的目光。他简单说了几句"你怎么在玩手机"的话，语气急促，并拿走了手机。他没再多说什么，只是取走了落在家的东西，留下还在原地恍惚和不知所措的我。我害怕晚上会有怎样的质问、批评与责骂，担心之后是不是连 30~60 分钟游戏的时间也没有了。

伴随着我的害怕与担心，时间很快到了晚上。餐桌上，他们确实质问了我什么时候开始偷偷玩手机，以及一天玩多久等问题，就像医生询问病情严重的患者一样。我心虚地小声回应并做好了挨打挨骂的准备。但是，我更关心我能否保住原有的游戏时间。如果这都被剥夺的话，我不敢想象以后该怎么办。但是，他们接下来问的问题让我愣了一下："你为什么喜欢玩这些游戏？""它们哪里吸引你？"在当时的情境下，我无法详细回答，但是我听出了父母语气里的让步与试探，事情似乎有转机。我简单描述了在游戏中参与竞技和社交的乐趣，并提到了游戏中漂亮的服装和新操作带给我的快乐。

那晚的谈话具体如何结束的我已经记不清了，但绝对没有我预想的那么糟糕。我依旧享有原有的游戏时间。不过，事情似乎发生了变化。父母对我的游戏更加关心了。他们会问我游戏的体验和对游戏的看法。在他们的引导下，我试着自己思考和评价这两款游戏。比如，QQ炫舞作为音游和穿搭游戏的结合，能提高我的音乐感知能力和审美能力；球球大作战作为竞技类游戏，能提高我的反应速度和团队协作能力。

我还发现，虽然游戏很有趣，但玩久了会让我感到麻木，反应速度变慢，思维也变得迟钝。我意识到电子游戏只是我的消遣工具，它能在一天的疲惫学习后给我提供短暂的多巴胺刺激，但长时间沉迷游戏就会耗神伤身。在这种外在引导与自我反省的过程中，我对游戏有了更清晰的认知与定位。

现在回想起来，父母宽严相济的方法非常有效。他们对我严格，是为了帮我培养良好的学习习惯。包容，则因为他们深知，作为一个尚未构建完整认知系统的小孩，犯错和禁不住诱惑是正常的。唯有父母给予耐心的引导，才能帮助我更加真切地感受到学习的乐趣和游戏的真谛。

余帅说：

> "父母对孩子游戏上瘾的处理方式让我很惊讶，并且很敬佩这种宽严相济的教育方法。试想，当时如果他们像大多数父母一样，发现孩子偷偷玩游戏后就严厉责骂孩子并没收手机，可能会导致孩子更叛逆，甚至为了玩游戏而不吃饭、不睡觉、不上学，最终逼迫父母妥协。幸运的是，他的父母采取了更明智的方法。他们不仅去了解孩子玩游戏的动机，还启发孩子去思考和评价游戏。通过这种方式，父母引导孩子认识到游戏的利弊。我想，这才是最好的教育方式。因为引导孩子比一味指责更有效。"

02 品德教育

品德教育是言传身教的，我很庆幸父母给我树立了很好的榜样。

小时候每逢假期，母亲就会带我去市区买书或者逛街。在公交车上，妈妈总是毫不犹豫地把座位让给年迈体弱的老人。她那轻柔的动作、温和的神情和礼貌的话语，传递着尊老敬老的传统美德。路过街边衣衫褴褛的乞讨老人时，妈妈也会流露同情的神色，并轻声细语地与我分享社会中弱势群体所面临的艰辛，引领我去洞悉人间百态和社会的真实面貌。在合适的时机，她还会慷慨解囊，对那些真正需要帮助的人给予物质上的支持。这种慈悲为怀、乐于助人的善举，在我的灵魂深处点燃了关爱他人、回馈社会的热情之火，让我深刻领悟到同情与善良并非空洞的言辞，而是实实在在的行动与付出。

除了教会我尊老敬老、乐于助人，母亲还有一项特殊的本领：她能将我们日常所见的每一个职业转化为一扇了解社会真实面貌的认知之窗。无论是忙碌奔波的快递小哥、技艺精湛的手工艺人，还是兢兢业业的环卫工人、救死扶伤的医护人员，母亲都会详细介绍他们的工作职责、背后的辛勤付出以及他们对社会运转的重要作用。通过这些生动的职业解读，我仿佛置身于社会的宏大拼图之中，清晰地看到每一块碎片如何紧密相连、协同发力，共同构成丰富多彩的社会生活。这种早期的社会启蒙教育，如同为我戴上了一副洞察世事的智慧眼镜，使我在年少时便对社会万象有了比较全面而深入的了解，为日后我与他人建立理解、尊重与合作的关系筑牢了坚实的根基。

母亲的言传身教释放着深远持久的影响力。高中时，我带了大量行李乘出租车回学校。下车时，我下意识地走到了车后和司机师傅一起搬行李，并对他说了声谢谢。在我眼里，这是再寻常不过的事了。司机师傅却在妈妈面前夸赞我善良懂事。

原来，我已经不知不觉养成了在别人眼里十分珍贵的善良品德。这看似微不足道的赞誉，实则是对父母多年品德教育的有力见证。

此后，我也一直以温暖之心待人，以仁爱之举处世，与高中同学、门卫叔叔、食堂阿姨和宿管阿姨保持了良好的关系。父母的品德教育无形中教会了我立身处世、构建良好人际关系与和谐社会交往的核心准则。

> **余帅说：**
>
> "真正的教育不是一味说教，而是言传身教。父母从小到大的言行举止会在潜移默化中影响孩子。如果希望孩子谦逊、善良、有礼，最好的方式就是父母先展示这些品质。因此，在孩子的品德养育过程中，父母的作用往往比学校更重要，孩子永远是父母的一面镜子。"

03 维护自尊心

我的父母都是普通的农民工，我还有一个大我七岁的哥哥。他们养育我们的压力较大。但是，他们从未向我哭穷，反而竭尽全力地为我提供最好的条件，维护了我的自尊心，使我养成乐观自信的性格。

童年时，我常与伙伴相约去市区图书馆并在附近闲逛。我第一次向父母要零花钱时，他们只考虑到我们在市区吃饭和车费的需求，给了我足够的钱，但金额只是其他伙伴的一半。这让我感到有些窘迫。我扭捏地表达我的不满，父亲很快看穿了我的心思，又多给了我一些钱，并说："多给的钱，是让你不至于想吃点好的或者买点东西时钱不够。"那一刻，我既感动又愧疚——感动于爸爸理解我的心思，愧疚于父母赚钱的不易。

从那以后，他们总是给我充足且适度宽裕的零花钱，让我在与伙伴们共同商讨消费选择时，能够自信从容地表达自我意愿，无须因经济因素而陷入局促不安的困境，也不必在面对心仪物品时满心纠结、忍痛割爱。这种物质上的富足感，并非单纯指向物质享受本身，而是作为一种强大的心理支撑，赋予我一种内在的自信与安全感，使我在面对种种选择与挑战时，始终坚信自己具备追求美好生活的能力。

余帅说

> 我非常羡慕这位父亲的做法，他给予孩子足够的零花钱，让孩子在和同学约玩时，不会因为费用不足而感到窘迫。他也没向孩子诉苦自己赚钱的不易，这让孩子更容易自信。
>
> 相比之下，我小时候父母经常哭穷，给我的生活

> 费总是比其他同学少得多。这让我感到自卑，甚至钱不够时，宁可厚着脸皮向同学借，也不愿意向家里要。这种经历对我产生了深远的影响，我将更多的心思放在做各种兼职和后来的创业上。

不仅在物质上，父母给了我足够的底气，维护了我的自尊心，在精神上也是如此。那是初二的一次家长会，我的班主任当着全班家长的面批评了我。她指出我上课时的表现太过张扬，比如我经常在老师刚讲完一个知识点时就大声说"知道了！"或发出"哦"的惊叹声，影响其他同学接受知识。

这是我第一次当众被批评，当时我感到惶恐和委屈。旁边的家长都有意无意地看向我，不管他们的眼神夹杂着什么情感，我都感觉非常糟糕。我希望妈妈能理解和支持我，但我根本不敢看她。班主任很快转移了话题，我也无心听后面的内容。整场家长会对我来说就是一场凌迟。我不敢想其他人包括妈妈会如何给我"定罪"。

然而，预期的审判并未到来。家长会结束后，妈妈拉起我的手跟我说："宝贝，妈妈其实为你感到高兴。你上课积极说明你接受知识能力强，反应速度快。我的宝贝这么聪明，真是让我惊喜。"她脸上的笑意和我当时几乎愣住的反应至今难忘。她继续说道："我是你的母亲，我当然知道你没有故意干扰别人，只是想在老师面前表现自己。这并没有错。但你也得明白老师的良苦用心，她是为整个班级的课堂效率考虑。课堂不是你一个人的，给别人带来负面影响是不对的。"

母亲就这样表扬了我、证明了我，没有给我带来丝毫难堪。这件事后，在面对别人的质疑与批评时，我不再急于否定自己，而是先分析问题；即便是我做错了，我也勇于改正，并保持自信与底气。

余帅说

"网上曾流传一则新闻：一名中学女生被同学欺负，孩子哭着找妈妈帮忙，没想到妈妈却说：'肯定是你的原因，为什么他们不打别人，却打你？'孩子听到这话后崩溃大喊：'我再也不需要你了！'

看到这个新闻，我很感慨。因为这样的回应可能导致孩子产生轻生的念头。事实上，这种"中国式父母"太多了。当孩子遇到困难或者问题时，他们第一时间不是关心孩子本人，而是责骂和质问，导致以后孩子碰到任何困难都不愿求助父母。这也是校园霸凌事件频发的原因之一：孩子害怕告诉父母后等来的不是关心，而是责骂。

所以，当我看到这位妈妈的做法，不禁肃然起敬。她总是在发现孩子的优点，保护自己孩子的自尊，并在合适的时机去引导自己的孩子。难怪她的孩子后来能够更专注地投入学业，有更多的精力去考名校。"

04 关心与沟通

　　进入大学以来，我发现身边很多同学很少与父母联系，他们独自承受着生活压力和学业焦虑，即使与父母联系，也往往得不到理解。我很庆幸从小父母就给予我足够的沟通空间。他们总是能敏锐地注意到我的情绪，并耐心询问与疏导。无论是考试失利时悄然滑落的泪滴、在人际交往中遭遇误解时紧蹙的双眉，还是面对未来抉择时眼底闪烁的迷茫与彷徨，都逃不过他们关切的目光。他们凭借丰富的人生阅历与深邃的生活智慧，适时地为我拨开重重迷雾。

　　虽然我们有时会在沟通中拌嘴、吵架，但我足够懂事，他们也足够大度。当我叛逆犯错时，我会写道歉信偷偷放到他们的床头。当他们情绪过激伤害到我时，也会主动向我道歉。他们用关心与沟通让我明白，父母是我坚强的后盾，在他们面前我可以任意发泄情绪；他们用理解与大度，让我明白我可以尽情表达我的观点，不用害怕被误解与质疑。

　　尽管父母只有初中学历，他们不懂学生社团、商业比赛或保研流程，无法帮我制定清晰的发展规划，但是我依旧愿意和他们沟通，只要听到他们鼓励加油的话语，我就安心许多。我相信年少时的关心与沟通，会像神奇的丝线，在岁月长河中编织出坚忍而温暖的纽带，将我与父母紧紧相连。即便时光流转，即便在未来参加工作后，我依然能拨通那串熟悉的号码，毫无保留地袒露心声。

余帅说：

"我很羡慕这个同学，在大学时代还能和父母保持这么多的沟通。而我自己，到了大学后，几乎不再和父母沟通了，甚至极少回家。因为每次没说几句他们就开始质问和责骂我。大学毕业十年了，和父母的沟通越来越少。

真希望看到这篇文章的父母能及时改善自己的教育方法，在孩子年少时多一些关心、温暖的沟通和真正的理解与尊重。这样，孩子无论是读大学还是工作后，都更愿意和父母交流。"

家庭教育，这一贯穿孩子生命全程的宏大叙事，宛如一幅由无数细腻笔触精心绘制而成的绝美画卷，每一笔都蕴含着父母的挚爱深情、智慧哲思与殷切期望。回首成长之路，我满怀感恩。感恩他们在我学业上的监督与引导，感恩他们在我品德培育上的以身作则、润物无声，感恩他们在物质与精神上为我构筑的自尊屏障，感恩每一次在困难时刻他们的倾心陪伴与坚定选择。是他们的无私付出与智慧引领，把我孕育成向阳生长、枝叶葳蕤的大树，让我在未来能一直怀揣梦想、心怀感恩、肩扛责任，自信坚定地成长为栋梁之材。

"慢养式"家庭教育

爱、鼓励、包容

学校：四川大学
姓名：关思繁
2021级 新闻与传播专业

我的父母是普通的劳动者，他们接受的教育不多。尽管物质有限，信息资源也不足，无法在重大的人生决策上给我提供指导，但他们给予了我竭尽所能的支持。无论是学习还是人际交往，他们的爱让我充满自信和底气。这种感觉就像拥有一个永远可以回归的避风港湾，使我能够勇敢前行。

"父母存在的意义，不是给予孩子舒服和富裕的生活。而是当你想起父母时，内心会充满力量，会感受到温暖，从而拥有克服困难的勇气和能力。"我的父母通过充足的陪伴、营造良好的家庭环境和实施正确的教育理念实现了这一点。

余帅说：

"看到这段描述时，我不禁羡慕思繁同学。自从大学以来，我大多数时间都在做兼职和创业，尤其是毕业后十年间，一直在外拼搏，一年仅回家两次，每次停留不过三四天。我不敢回想与父母相处的时光，因为记忆里满是他们的指责与唠叨，他们总是强调如果当年听从他们的意见成为老师，我现在会更好，但是这些话对我的现状毫无帮助。所以，每当我收到父母那些充满焦虑的长信息，心情都会受到影响。久而久之，我选择忽视这些信息，虽然这不是理想的做法，但也实属无奈。相比之下，思繁因父母感到温暖和充满力量，有着满满的自信，着实令我羡慕，这正是一个家庭应该给予孩子的真正财富。"

01 充足的陪伴

通过自己的学习，现在我认识到孩子的成长离不开父母的陪伴和支持，这对于家庭教育至关重要。

父母的陪伴给予孩子情感上的支持和安全感。当父母在孩子身边时，孩子感受到关爱、重视和理解。这有助于孩子建立积极的自我认知和自尊心。

通过陪伴，父母可以促进孩子学习如何与他人交往和合作，促进其社会性发展。此外，父母还能指导孩子建立良好的人际关系和掌握实用的社交技能。

父母的陪伴对孩子的学习和发展有重要的推动作用。他们可以在陪伴中提供指导、鼓励和反馈，帮助孩子培养学习兴趣和习惯。

在价值观传递上，父母的陪伴是传递家庭价值观的重要途径。在陪伴中，通过以身作则，父母示范正确的价值观和道德观念，并与孩子进行积极的讨论和互动，帮助他们形成正确的价值观念。

也许我的父母未必懂得这些看似深奥的理论，但他们在我的成长过程中始终给了我足够的陪伴。小时候，父母为了做生意需要去外地。当时我和弟弟还没到上学的年纪。但每次听到家里长辈建议父母把我们留在爷爷奶奶家时，我都感到恐惧，害怕自己成为小镇留守儿童，只能每年春节才能和父母相聚。

但是，父母总是坚定地选择陪伴我们："不管多辛苦，我们不能放下我们的孩子。"

余帅说

" 现在很多父母外出打工，选择将孩子留在老家，由老人照看，这会对孩子的成长造成极大的影响。缺少父母陪伴的孩子容易自卑，失去学习兴趣，内心的话无法及时倾诉，性格可能变得偏执，甚至沉迷于手机和游戏。父母回家看到孩子成绩差、不认真写作业等不良表现后，往往忍不住责备，而孩子原本期待的是父母的关心而非指责和不满，因此孩子的期望瞬间破灭，行为会更加叛逆，甚至对父母产生怨恨。他们内心会认为自己经历的一切是因为缺少父母的陪伴和关心。

因此，我强烈建议，外出打工的父母尽量带上孩子。"

尽管家庭条件有限，父母带着我和年幼的弟弟来到大城市务工。虽然当时我们的住所较小，饭菜简单，但父母的陪伴让我感到安心和踏实。工作之余，他们辅导我们的功课，教我们生活道理，比如，如何与同学相处、尊重老师，并支持我们的兴趣爱好，陪我们参加辅导班。我上小学时特别喜欢画画，经常在书本上画一些动漫人物，妈妈发现后不仅没有责怪我，反而鼓励我继续创作："我闺女画得真好。"所以，我一直坚持画画。到初中时，他们用积蓄给我报了绘画班，暑假期间每天陪我去上课。

虽然我们的家庭条件不好，父母却一直陪伴着我，没有错过我人生中每一个关键时刻：陪我吃饭、学习、看电视、出去玩耍、中考选校、高考查分。尽管他们不会讲漂亮又深刻的话，却始终默默地支持我，不指责、不嫌弃、不过分干涉我的生活。

现在回想起，父母的陪伴是我遇到挫折和困难时的避难所和加油站，给了我充足的安全感，使我能够独立、自信、专注地追求自己的梦想，向更广阔的世界尽情探索。

余帅说

" 尽管思繁的父母看似平凡，但他们的坚持陪伴对思繁产生了深远的影响。他们发现孩子的兴趣并积极引导，给孩子找辅导老师帮助其得到更好的发展。尤其是，他们'不唠叨，不指责，不过分干涉'的做法，给孩子足够的信任感。在日常生活中，他们时不时还教导孩子做人的道理。父母应该明白，孩子健康快乐地成长才是关键。 "

02 温暖的家庭氛围

一个孩子所需的四种营养是安全感、存在感、成就感和幸福感。这些需求的满足依赖于一个和谐、愉悦、民主的家庭氛围。如果在一个家庭中，父母强势、专制，孩子容易失去安全感和存在感，行为上可能表现为顺从或极端叛逆。长期处于父母争吵环境中的孩子，他们今后的婚姻观和性格发展都会受到负面影响。相反，处在良好家庭氛围中的孩子，通常与父母关系融洽，性格更加沉稳、独立和自信。尽管家庭氛围看不见也摸不着，但每个家庭成员都能感受到它的影响。

> **余帅说：**
>
> 在孩子的童年时期，及时提供这'四种营养'，能让孩子专注于学习，减少叛逆行为。因为内心得到了爱的滋养，他们的发展会更稳定。父母关系和谐，不争吵，对孩子说话温和而非严厉呵斥，能够给予孩子满满的安全感。平时家长可以让孩子参与家务，如倒水、捶背、洗菜、洗碗等，以此增加他在家中的存在感。当孩子积极完成任务等，父母应及时给予夸奖和赞美，这会让孩子瞬间获得成就感和幸福感。

回望自己的童年，虽然家庭的物质条件有限，但我生活在一个很温暖的家庭氛围中。父母一直陪伴着我和弟弟，他们也很少吵架。即便偶尔发生争执，也能以积极的方式解决。

> **余帅说：**
> 父母关系紧张会让孩子不断幻想家庭破裂的样子，并可能自责，认为一切问题源于自己。久而久之，孩子会变得不自信，陷入自我怀疑，无法专注学习。作为家长，发生争执后一定要避免对孩子进一步产生负面的影响。

作为姐姐，父母对待我和弟弟的态度也总能给我安全感。尽管小时候，妈妈也经常对我说："大让小，因为你是姐姐需要让着弟弟。"然而父母越这么说，我就越叛逆，甚至故意打压弟弟以抗议这种区别对待的不公平待遇。后来，我和妈妈沟通了自己的感受："我不喜欢您说这样的话，不能因为他是弟弟，您就区别对待我们，我会因此觉得自己不被重视。"他们听到我的心声后，逐渐改变了态度，不再强调这种区别对待的话。

> **余帅说：**
> 在处理多个孩子的关系时，父母应注意爱的平衡。在家庭中，经常会出现'老大欺负老小'的现象，主要原因是爱的不平衡。家长应了解，孩子小时候是以自我为中心的，不会认为年龄差距就意味着让步。他们渴望拥有平等的爱，而不是被区别对待。

我的父母从不拿我和别的小孩做对比，也不会在我面前夸奖别人家的孩子有多优秀。有些家长喜欢在孩子面前说："你看别人家的孩子，多么优秀、多么懂事。"家长的这种做法会让孩子感到难过，产生一种不被父母认可的挫败感。每个孩子认为自己对父母来说都是独一无二的，并渴望得到父母的认可和鼓励。

评价一个人的标准有很多，每个人擅长的东西也不同。例如，有的孩子虽然学习不好，但擅长跳舞；有的孩子调皮，却做事有担当；还有的孩子看似反应慢，但在自己的兴趣爱好上非常专注。每个人都有独特的故事和经历。父母以"广角"的视野去发现自己孩子的优点，而不是只关注学习成绩。

余帅说：

"父母拿自己与他人比较时，孩子会产生不被认可的挫败感。有时，父母无意中的举动可能给孩子带来心理困扰。如果家长不能及时发现并解决这些问题，那么你会发现，孩子会逐渐减少与父母的交流，亲子关系也会疏远。所以，父母在教育孩子的过程中，应多换位思考，不要认为自己都是对的，多倾听孩子的声音，鼓励孩子，耐心解释他们的疑惑，纠正他们的错误想法。"

我的父母总是认为我什么都好，对我的表现给予毫不吝啬的赞美。初中时，我开始关注自己的外貌，喜欢流行的发型、漂亮的衣服，偷偷看令我心动的男生。由于容貌焦虑，我觉得自己不够好看，个子不高，衣服也不够漂亮，在与同学的交往中显得不自信。每当我说自己不好看时，妈妈总会反驳我："怎么不好看？我闺女长得多漂亮，穿什么衣服都好看。"尽管内心并不完全相信她的赞美，但是这些肯定让我感到非常温暖，也逐渐增强了自信。

我们一家人经常一起吃饭、看电视、出门游玩等，特别是过年的时候，每个人都会做一道菜，共同准备年夜饭。现在回想过去的日子，脑海里浮现的都是温馨的画面。在我成长的过程中，尽管物质条件不如其他同学优越，我也曾羡慕那些能出国旅游或有很多零花钱的同学，但我由衷地觉得自己是一个不缺爱的孩子，一个幸福的孩子。

03 正确的教育方式

我并非一直是一个懂事、听话的孩子，也经历了对父母从顺从、叛逆到和解的过程。

幼儿园、小学时，由于自己的知识储备和社会经验不足，我依赖父母的指导和决定。到了初中，我开始有了叛逆情绪，常常和父母唱反调。但是在父母的爱与陪伴下、温暖的家庭氛围以及正确的教育方式下，我很快意识到了自己的错误，并重新回到正确的人生轨道上。

通过学习，我了解到家庭教育方式的选择至关重要。不同的教育方式对孩子的成长会产生不同的影响。常见的教育方式包括启发式的教育、情感式教育和体验式教育。

启发式教育是指以启发孩子的思维能力为主要目的，通过激发孩子的兴趣和想象力来促进孩子的成长。情感式教育则是通过爱、理解和接纳等方式，帮助孩子树立正确的人生观和价值观。体验式教育则是通过让孩子参与各种实践活动，让孩子在体验中成长。回想父母对我的教育方式，我发现他们巧妙地融合了这三种教育方式。这让我感到非常惊讶。

我的父母在大方向上给予我指引，但具体的路径由我自己选择，并要求我对自己的选择负责。这些基本原则包括：

①必须读书，至少要大学毕业。

②要对自己的人生负责，思考未来的人生道路和今后的生活方式。

③不要给自己太多压力，跟着自己的感觉与兴趣走，快乐健康是基本要求。

所以，从小到大，我人生中很多重要的决定都是自己做出的，包括高考志愿专业的选择。我记得我曾说过要去远方上学，学习新闻与传播专业，毕业从事媒体工作。他们非常支持我，并对我说："你长大了，你想去哪里都行，去做你想做的事吧，要做就把它做好，爸妈永远支持你。"他们总是鼓励我去探寻想要的世界，用兴趣和想象力去追求梦想，成为自己。

在情感支持上，父母总是给足我爱和理解。正是因为他们的爱教会了我什么是爱，如何去爱。渐渐地，我意识到"爱人"是一种能力。我发现身边很多人不知道什么是爱，也不知道如何去爱。能够收获爱、感知爱，而又能去爱的人，都是幸福的人。

余帅说

"

看到这里，我对思繁的父母越来越敬佩了。尽管他们没有接受过高等教育，但他们拥有如此优秀的教育理念，实属难得。思繁的父母并不像有些父母那样过度干涉孩子的学习与生活。如今很多家长从小学到大学一路包办孩子的一切，让孩子按照自己的要求发展，包括大学选什么专业，未来从事什么工作。正因为如此，很多孩子上完大学会感叹，自己活了二十多年，却感觉自己从未真正活过，人生从未由自己做主。

人生在世，每个人都有自己要走的路，有自己的爱与理想。家长要做的只是指引，孩子的人生应由他们自己做主。未来的路如何发展，应由孩子自己去体验和负责。当孩子需要父母支持时，父母能帮一把；当孩子需要陪伴时，父母能陪伴一程。父母不应将全部精力投到孩子身上，这样的爱过于沉重，会让孩子喘不过气来，最终压垮他们。

"

从小我就开始帮父母一起经营店铺，这让我深刻体会到父母工作的艰辛，也让我意识到即便是我们这样简单的生活也是来之不易的。暑假时，我常常拖延作业，父母知道后并没有责怪我，而是耐心地告诉我可能面临的后果。他们没有天天监督我完成作业。果然，因为拖延，我的暑假作业完成得比较粗糙，开学后被老师批评了。当时我回到家向妈妈抱怨："您知道会这样，为什么不严格要求我一下？如果您天天监督我，我就不会受到老师的批评了。"我妈平静地说："那是你的事。我已经告知你后果，人教人是教不会的，事情教人才会记得住教训。"这件事让我明白了拖延的后果，并开始用心安排好自己的时间，做好自己该做的事情。

父母过多干预孩子的学习，不自觉中就会让孩子按照父母规划好的剧本来演，导致孩子的依赖性增强，父母容易成为孩子的"监督者"和"控制者"。这种做法只会否定孩子的主体性，不如放手让孩子去尝试，去试错。

余帅说

" 思繁通过与爸妈一起经营店铺，亲身体验到父母维持生活的艰辛，从而理解并体谅父母，不会抱怨为何自己父母不能提供更好的物质条件。

在作业拖延的问题上，她父母的做法值得学习：让孩子自己承担拖延带来的后果。所以，在孩子学习方面，家长不要乱换角色，记住学习的主体是孩子。只要孩子上心了，事情才会越来越好。教育的核心在于父母对孩子的爱与支持，而不是单纯关注孩子的成绩。先搞好亲子关系，各自做好自己的事情，孩子的成绩自然不会差。 "

如果非要我总结父母的教育方式，大概可以归结为"慢养式"教育。不同于"严管式"教育和"放养式"教育，父母该管的地方管，不该管的地方不管，给足我信任感和松弛感。父母过分担心孩子本质上是对孩子能力的信任缺失，认为孩子不够优秀，还不能掌控自己的人生。这种信任感缺失产生的焦虑会传导给孩子，久而久之就会形成"焦虑传导的倒挂"，即孩子就成了父母负面情绪的容器，孩子接收了负面情绪却无法排解。这意味着，孩子会像一只受惊的刺猬一样蜷缩起来，变得向内退缩，以此来获得安全感。相反，"松弛感"有助于培养出内心强大的孩子，使他们更容易适应环境，无论顺境还是逆境都能活出最好的状态。

松弛是一种习得的能力，是一种积极的心态，更是一种智慧的教育方式，让孩子受益终身。在我成长过程中，我妈妈很注意培养我的外向性格。平时与朋友、老师们相处时，他们都说我非常乐观积极，总能给他们带来快乐。在我的记忆里，妈妈总是开开心心的，活在当下。即便是遇到一些棘手的家庭问题，她也总会说："不用怕，没有过不去的坎。"她教会了我人生没有什么可愁的，乐呵呵往前走就行。正是父母给予的呵护、宽容、尊重与自由，才让我能够肆意生长。电影《心灵奇旅》讲了一个道理："不是每个孩子都能成功，但拥有'火花'的孩子一定会闪闪发光。"而父母就是帮我找到"小火花"的人。

余帅说：

" 父母是孩子的第一任老师，这句话在思馨的身上得到了验证。思馨乐观开朗的性格源于母亲影响，所以父母日常的言传身教非常重要。如果父母善良乐观、热爱生活、情绪稳定又深刻思想，喜欢阅读、经常运动，那么孩子也会朝着这些积极的方向去发展。相反，如果父母整天因鸡毛蒜皮的小事争吵，碰到家庭困境就情绪失控，下班回家沉迷手机或麻将，孩子也会受到负面影响。因此，父母应以身作则，为孩子树立良好的榜样。"

"放养式"家庭教育

"高自尊、高敏感"性格

学校：东南大学
姓名：范宇婷
2023 级 哲学专业

蔡元培曾在《中国人的修养》中写道："家庭者，人生最初之学校也。"如今，家庭教育日益受到重视。每个家庭情况和孩子的个性各不相同，因此不能生搬硬套书中的方法，而应根据实际情况选择适合孩子和家庭的教育方式。在此，我想与大家分享我的家庭教育经历，希望能为大家提供一些参考和启发。

说实话，我感觉童年时家里并没有所谓的"家庭教育"。我父母常开玩笑说，我们家实行的是"放养式"教育，这让我度过了一个轻松快乐的童年。然而，回顾少年时期的经历，我发现除了自身的努力外，父母的默默支持，给予了我无限的力量。回首往事，我才恍然大悟：原来我们家的家庭教育如春雨一般"润物细无声"，是父母煞费苦心却未曾言明的付出。

01 父母尊重我的意愿，注重维护我的自尊心

小时候我对跳舞很感兴趣，经常在家里下腰、翻跟斗，跟着电视机播放的碟盘跳儿童舞，妈妈发现我的爱好后，立即送

我到附近的一个舞蹈机构，报名参加一年期的芭蕾舞蹈课。我清楚地记得，第一次去上课时我穿的是一双粉色的旧运动鞋，鞋尖被磨掉了原来的颜色。妈妈领着我到了舞蹈室，我站在舞蹈室的后门，看见一位年轻美丽的女老师在指导一排排压腿的小女孩。

那些与我年纪相仿的小女孩们都穿着雪白的练功服和色彩鲜艳的舞蹈鞋，而我低头看了看脚上那双破旧、颜色暗淡的运动鞋，顿时感到自卑，不敢踏进明亮的教室。我呆呆地站在舞蹈教室门口，内心充满了不安。妈妈却以为我只是害羞，一把拉起我就往教室里走。我双手扒着教室外面的墙，央求道："我不想去了，我们回家吧。"

妈妈以为我紧张，更用力地拉我往教室里走。这时，舞蹈老师走过来询问情况，我顿时哑口无言。妈妈向老师解释说我是第一次来上课，可能有些紧张和害羞。于是，那位年轻漂亮的舞蹈老师亲切地拉着我的手，试图带我进入舞蹈室。然而，强烈的自卑感让我做出了无礼的行为——我用力甩开舞蹈老师的手，飞快地向外跑去。

听到妈妈在后面焦急地喊我的名字，我没有理会，心里满是委屈："我都说了不想去了！为什么硬要拉我进去！"跑了一段路，我的情绪逐渐平复下来，停住脚步，生气地看着妈妈。她追上我后，生气地问："你跑什么？为什么突然不想学跳舞了？"我委屈地反问："你为什么给我买的舞蹈鞋这么丑，还是旧的。"妈妈听到我的话，情绪平静了下来，问我："你是因为舞蹈鞋不好看，不愿进舞蹈教室吗？"我没有说话。妈妈拉过我的手，一路沉默地往家走。

回家后妈妈说她有事要出门，让我在家里等着。不久，妈妈回来了，带回来一双新的舞蹈鞋和一套漂亮的舞蹈服。我当时非常高兴，第二天穿上漂亮的新鞋和新衣服，乖乖地去上了舞蹈课，并记着妈妈的叮嘱，给舞蹈老师道了歉。

> **余帅说：**
>
> 宇婷明明报了芭蕾舞但又突然闹情绪不去上课，这样的情况在生活中很常见。很多父母的做法是当着众人的面训斥孩子，结果孩子不仅上不了课，还会大哭不止，最终父母只能把孩子带回家。这样做可能有两个后果：一是孩子可能再也不想上这个兴趣班；二是孩子的自尊心会受到打击，变得越来越胆小、自卑。我认为，正确的做法是找个安静的地方，蹲下来轻声细语地询问原因。孩子如果愿意说那是最好的；如果孩子不愿意说，也不要勉强，先带回家再找个机会好好沟通。

我对小时候的这一幕记忆十分深刻。今天我分享这个故事是想表达：孩子同样有很强的自尊心，只是他们年纪小，不知道如何用言语准确表达自己的需求。所以，孩子们往往会以闹别扭的方式表现，希望父母能猜到他们的想法，然而这样做往往会换来家长的一顿责骂，并被指责为不听话。

我觉得，我的妈妈当时做得非常好。她没有一味地逼迫我去做我不愿意做的事，而是尊重和理解我的感受。当她意识到我是一个自尊心很强的孩子后，搞明白我不愿去上舞蹈课的原因，并默默地为我准备了与其他孩子一样的舞蹈服，而不是用"大道理"来说服我。

余帅说：

> 就像小时候的宇婷一样，因为太小，既不能用言语准确地去表达自己的想法和感受，又不好意思或者不敢在人群中公开表达自己内心的想法。这时，孩子非常希望父母能猜出他们的想法，或者找一个让他们感到安全的空间耐心询问他们。

如果你的孩子也像我一样有着高自尊、高敏感的性格，请不要忽略他们内心的想法。请思考他们为什么闹别扭、为什么不高兴，而不是一味地指责孩子不懂事、不听话。当孩子表现不愿意做某事的意愿时，要引导和帮助他有礼貌地、准确地表达出内心真实的感受，并告诉他们希望对方怎么做，然后与孩子一起解决问题。

通过这样的方式，家长才能逐渐了解孩子情绪低落的真正原因，加深对孩子的理解，孩子也能更快地从负面情绪中走出来。多次进行这种"表达训练"后，即使家长不在身边，孩子也能自行梳理事情的过程，自我调节情绪，更好地与他人进行沟通，更有效地解决问题。

02 父母包容我的小错误，仍需批评时注重场合与分寸

我的父母对我是包容的，没有因为我做错了一些小事就大发雷霆，唠叨不断。

小时候，过年时亲戚们都来我家一起吃团圆饭。有一次，我从厨房端着一碗汤往桌上送，因为碗太烫一时间没拿稳，陶瓷碗摔在地上，四分五裂，汤撒了一地。爷爷当时在我旁边，立刻惊呼一声，并责怪我为什么连碗都端不好，浪费了粮食多可惜。

> **余帅说**
>
> "摔碎碗这种事情在每个家庭都会发生，但大多数家庭的反应往往和宇婷的爷爷类似，看到孩子摔碎东西后立即严厉斥责。因为一件非常小的事，把孩子吓得不敢出声。久而久之，容易导致孩子做事畏首畏尾，长大参加工作后，很多事情都不敢尝试，失去了很多机会。"

我当时没有多想，立刻就拿起扫帚清扫。因为做错了事，内心惶恐不安。这时爸爸闻声赶来，我以为要挨骂了，但他一边把爷爷推着走向客厅一边说："没事，碎碎平安，好兆头，好兆头。"然后转头对我说："没事闺女，今天做了一大锅汤，

再去盛一碗就行，然后赶紧过来吃饭。"爸爸就这样化解了我的尴尬。

> **余帅说：**
>
> 宇婷爸爸的做法非常得当。他首先关心孩子的情绪，而不是关心那个已经破碎的碗，让孩子感受到被父母在乎的感觉。然后把爷爷支开，给女儿台阶下，让她不再感到惶恐。这样不仅维护了孩子的自尊心，还让孩子感受到了爸爸的爱。
>
> 不过，这里的处理还可以进一步细化：爸爸事后可以继续与孩子交流，告诉孩子正确的处理方式，并且夸赞孩子主动端碗的行为。

但并不是我每次犯小错误，爸妈都不会在意。有时候他们也会严厉地教训我，但是他们会选择合适的场合。我的父母很少大庭广众下责骂我，在外面时他们总是与我站在一边。有很多家长经常因孩子做错事而不分场合地大声责骂孩子。我小学时有一位好朋友，她的母亲就属于这种类型的家长。她家是典型的"虎妈猫爸"式组合，妈妈管教女儿很严厉。以前我去她家玩，常常看见她被责骂。比如，她吃饭时敲了一下碗，她的妈妈就说这是没出息的表现；她忘记拖地，她的妈妈就直接骂她懒惰；她某次的考试成绩不理想，她的妈妈会直接骂她蠢。完全不顾及她的颜面，不顾及她的朋友还在家里做客。她被骂时总是低着头，我当时觉得她有点可怜。之后我们偶尔在微信聊天，她会跟我抱怨她妈妈总是打击她，让她很难受。再次见到她是高中时，不知道是不是她在家里经常被骂的缘故，我觉得她没有以前活泼了。再向别人打听，她的同学也说她变得有些阴沉。可我记忆中的她明明是一个会逗趣的女孩。

余帅说：

> 像宇婷的朋友这种从活泼乐观到不爱说话甚至变得阴郁的情况，并不是个例。很多家长习惯在外人面前指责孩子，无论自己的孩子做什么都不满意，带着苛责的态度，眼里都是孩子的缺点。长此以往，孩子会崩溃，父母也会觉得很委屈，认为孩子不明白他们的苦心。
>
> 一个在批评和指责中长大的孩子，哪有什么自信可言？他们内心会觉得自己一无是处，不仅会通过叛逆的行为表达不满，还会变得沉默寡言，不喜欢与人沟通，严重的话可能会患上抑郁症。

很多家长在与外人交往时很宽容，对自己的孩子却特别严苛。我认为这是不正确的做法。有些家长情绪管理能力较差，不仅会把工作上的负面情绪带回家，而且在处理家庭琐事时容易发怒，会不自觉地通过骂孩子来发泄情绪。这种行为会导致家庭气氛压抑、沉闷。

一些家长误认为只有批评式教育才能让孩子听话并进步，

但实际上，批评式教育往往会让孩子走向两个极端：一是孩子会变得越来越叛逆，他们会下意识地对所有的说教感到厌烦，听不进去任何劝解；二是孩子会越来越沉默寡言，习惯性地看别人的眼色，小心翼翼地生活，精神内耗严重。

批评在教育中不应当缺位，但是家长需要掌握分寸，在不伤害孩子的自尊心和自信心的前提下进行教导。在"教训"孩子的时候，家长应注意以下几点：

（1）保持冷静：不要情绪激动、言辞激烈，避免无谓的情绪发泄。

（2）有针对性：不要旧事重提，确保每次批评都有明确的针对性。

（3）尊重人格：不要对孩子进行人身攻击或人格攻击。

（4）避免重复唠叨：不要反复强调同一件事，以免引起孩子的反感。

03 推行奖励式教育很有必要

小学时我很不爱写作业，总是拖到天黑了才开始写，这让父母非常苦恼。有一天，放学后我邀请我的好朋友来家里玩。到家后，她休息一会儿就打开书包写作业，而我仍然躺在沙发上休息，并没有被她的勤奋感染。我的爸爸当时坐在沙发的另一侧看着我们，突然说："要不你们比赛吧，看谁作业完成得快，谁先完成我就奖励谁10元。"我一听这话，心里想：10元钱啊，可不能让别人拿走！于是立马跳起来，打开书包专注地写作业。

我的好朋友一看我写得这么快，便开始"捣乱"，抓着我的胳膊不让我写。就这样闹来闹去的，最后还是我赢得了那10元。爸爸也正是由此发现我是一个"小财迷"，于是趁热打铁，制定了新的奖励规则，如果每天能在放学后一小时内完成作业，就能拿到5元。就这样，我靠着5元的激励，每天都能早早地完成家庭作业，直到后来我养成了回来就写作业的习惯，这项奖励制度才终止。

余帅说

> 宇婷爸爸用金钱奖励的方式，激发了她的好胜心。其实，她并不是真的为了那10元，而是不想输给对方。后来宇婷爸爸规定在一小时内完成作业奖励5元，本质上也是利用孩子的好胜心理。合理利用孩子的好胜心，对教育是非常有效的。例如，家长可以和孩子比赛在1分钟内谁做的俯卧撑多，谁跳绳跳得多，或者10分钟内谁先做出数学题，等等，都可以很好地激发孩子的好胜欲望。

奖励式教育本身没有错，关键在于家长如何运用。如果孩子缺乏自驱力去改变自己，家长不妨尝试用一根孩子喜欢的"胡萝卜"吊着，引导他们前进。奖励式教育会让孩子更有获得感、成就感。为什么很多孩子会沉迷游戏？因为在游戏中，你只要完成一个任务就会得到奖励，积累到一定分数还会升级。

> **余帅说**
>
> "不少孩子从小学被父母催作业催到初中，结果是孩子不仅没有什么改变，反而学习越来越拖拉。'错误的方法重复一百遍也不可能变得正确。'当家长在教育孩子时发现方法效果不好，应及时停下来反思，并积极学习新的方法。
>
> 面对孩子拖延的习惯，我建议家长采用'反向教育'。当孩子拖延的时候，一定要忍住不去催他，甚至故意与孩子聊天，进一步拖延他的时间。当孩子想写作业时，家长还可以故意找借口，告诉他再拖一会儿也没关系。这时孩子会奇怪，为何父母突然改变了态度。你会发现，你不急了，孩子反而着急了。如果他仍然拖延，未能完成作业，到了学校老师会批评他，下次自己就会乖乖完成作业。正如俗话所说：'人教人教不会，事教人一教就会。'"

读到这里，读者朋友们也许已经发现，我笔下的家庭教育里几乎没有家长从小教育我如何学习这类的事情，那是因为我始终认为，给予孩子充分的尊重、爱与支持才是家长最需要做的，而学习则是孩子自己的事情。

以我自己为例，我来自一个普通家庭，成绩在很长一段时间一直处于班级中游水平。直到有一天，我突然意识到学习是自己的事，优秀的成绩是我通往新世界的敲门砖，我想走出去看看新的世界，于是我开始努力奋斗。尽管我的父母没有给我提供具体的学习帮助，但在我无数次因为学业困难和目标太遥远而崩溃大哭时，他们的默默陪伴和爱给予了我极大的精神帮助。

余帅说

> 宇婷的父母知识和学问有限，在她的学习上帮不上忙，所以他们没有过多干预宇婷，只是做好自己该做的事情，给了她足够的爱、尊重和支持。在这种充满爱的环境下，宇婷忽然意识到，父母做了他们该做的事情，而自己该做的就是好好学习，并通过学习提升自己，去看看外面更大的世界。
>
> 宇婷的"开窍"源于她对父母爱的期许得到了满足。如果宇婷的父母没有做好这些基础工作，而是每天催她学习，结果可能是她会在内心抱怨父母，并且花费大量时间和精力去应对父母的要求，无法明白自己上学的目的。所以，我一直强调，父母一定要关心孩子的成长，而不仅仅关注成绩。
>
> 现在很多孩子面临的一个问题是不知道为什么要上学，他们把上学当作了成人世界的上班。父母总是告诉孩子要好好学习，考个好大学。然而，什么样的

> 大学才是好大学？家长们常说名校就是好大学，但名校到底好在哪里？这是很多孩子、家长甚至老师都不太清楚的问题。我自己也曾为此而苦恼。名校的魅力只有自己亲身体验才能真切感受到。参观名校不仅仅为了拍照留念，而是深入体验校园的日常生活。如果家长没有时间带孩子去参观，可以参考《游名校》一书。在书中，我记录了名校的食堂、图书馆、教室、操场等场所的见闻和感悟，孩子可以通过这本书了解名校的生活和资源，体会名校的魅力，从而明白学习的意义。

高中时，我感觉学习压力很大，内心非常焦虑。父母则开玩笑地对我说："不要想太多，大不了爸爸妈妈养你！"现在读大学了，又为学分烦恼，他们还是会经常打电话劝我不要压力太大，大不了拿着名校的学历回家随便找个小企业上班。这种诙谐幽默的鼓励方式，在关键时刻总能感动我，因为我明白他们想表达的意思是：女儿，尽可能往前冲吧，失败了也有我们为你兜底。<u>我知道他们像天底下所有的父母一样，希望我成龙成凤，但比起光鲜亮丽的成就，他们更希望我快乐地生活。</u>

余帅说

> 从宇婷的家庭教育可以看出，她的家庭氛围是比较松弛的，家长不会让孩子感到窒息，相反会给予她更多的自由空间。正如她在文章开头提到的，父母对她是'放养式'的教育。
>
> 宇婷的父母并没有过多期望她'成龙成凤'，只要她快乐健康地生活，平平凡凡度过一生也没什么不好。在这种预期下，父母自然不会焦虑，孩子的成长才是让他们真正高兴的事。孩子也不会因为父母过高的期望而给自己过多的压力。所以，在这样的弹性要求下，宇婷不会因为外在的压力和干扰而内耗，反而能专注地做好自己的事情。

在孩子看来，他们并不需要父母提供多么优越的物质生活条件，而是渴望父母的陪伴和爱。当孩子想起家时，如果感受到温暖和幸福，他们就有力量去击碎困难，有勇气去迎接挑战，并逐渐成长为更好的自己。

教育的真谛或许就像山涧滋养草木，父母之爱当如无声润物的清泉。当我们不再把成绩当作需要填鸭的饲料，当学习回归探索世界的本能冲动，那些被尊重浇灌出的求知欲，终将在岁月里长成亭亭如盖的智慧之树。这大概就是父母留给我的最宝贵的遗产——在人生路上，他们从未替我行走，却始终让家的方向亮着温暖的灯。

余帅说

> 当孩子回忆起家时,他们希望家是一个让他们内心感受到温暖、美好且充满力量的地方,而不是冷漠、厌恶或令人失望的地方。我们发现,名校生的家庭教育都有一个共同点:家是一个充满爱的地方。一个心中有爱和温暖的孩子,才更有动力去面对并战胜学习中的任何困难。

"自主式"家庭教育

——

从信任、陪伴、赞美到独立自主

学校：清华大学
姓名：孙雨馨
2023 级 公共政策专业

俗话说，"家长是孩子成长道路上的第一任老师"。在学习习惯和性格塑造方面，良好的家庭教育至关重要。一路走来，父母对我的个人发展产生了积极的影响，不仅助力了我的学业进步与成功，还在人生道路选择和个人价值观形成上发挥了关键作用。

回望自己的家庭教育，这四个词在我心中熠熠生辉：信任、陪伴、赞美和良好习惯。

01 信任

父母对孩子最大的信任，莫过于允许他们自主处理自己的事情。这不仅给予了孩子更多自我规划的空间，还有效锻炼了他们的独立能力。孩子会在自我管理的过程中不断学习和优化如何安排学习和兴趣爱好。

以我自己为例，许多家庭常因"孩子是否应该玩手机以及玩多久"这一问题争论不休。如今，不少家长要求孩子写作业时上交手机，甚至因此会发生冲突。在我看来，父母应该把使用手机的权利还给孩子，并教导孩子正确的使用方法。从小学五年级起，我的父母就为我购买了智能手机，尽管我接触到了游戏、追星等令人沉迷的内容，但他们从未强制我在写作业时上交手机，也不干涉我使用手机追剧或追星。相反，他们强调学业优先，鼓励我合理安排时间，完成学习任务完成后，合理安排娱乐时间。他们相信我能妥善利用手机的各种功能来辅助学习，不会过度娱乐。

余帅说

"两年前，我接触到一个家庭因为手机而导致了亲子关系的破裂。家长是孩子最在乎的人，不当的家庭教育方式，可能会严重影响孩子的一生。这也是我致力于研究家庭教育的原因之一。

雨馨的父母采取了明智的方法，尊重孩子的自主权，教会她正确使用手机。当孩子拥有了手机的自主权，他们会更合理地分配时间，而不是费尽心思去争取玩手机的机会。

科技进步无疑对我们的生活有益，父母应指导孩子如何正确使用科技工具，监督并引导孩子形成正确的价值观，而不是简单粗暴地禁止或打压。不合理的方式只引发孩子的反抗情绪，破坏亲子关系。因此，科学合理的家庭教育至关重要。"

在父母正确使用手机理念的影响下，我在中考前就不再玩手机游戏。高中期间，我在校时也保持手机关闭状态，仅在放学后用于联系家长、拍照记录作业。每天放学回家后，我首先完成作业，然后在睡前大约使用 30 分钟手机。特别是在高三复习阶段，我将使用手机的时间调整为晚自习放学回家的 30 分钟车程内。周末如果有课外班，我会统筹安排上课时间和写作业时间，并预留出 1~2 小时看我喜欢的综艺节目或电视剧。

通过这种自我规划和调整，我认为手机并没有对我的学习造成负面影响，反而娱乐缓解了我的学习压力，并在知识拓展方面为我提供了很好的帮助。

余帅说：

" 手机的内容丰富，孩子喜欢玩是自然现象。现在很多家长不让孩子玩手机的主要原因是他们自己也难以控制手机的使用时间，因此认为孩子同样也无法自律。然而，孩子是父母的'复制品'，作为父母应纠正自己的不良习惯，与孩子一起做正确的事情。这样不仅有助于引导孩子走上正轨，也能促进父母自身发生积极变化，使孩子成为父母的'救星'。"

一方面，在使用手机上给予我信任，另一方面，我的父母也不会因为我一次考试失误就责备我。每次考试后，妈妈总是说："只要你尽了全力就好。"她教导我要从每次失误中发现问题，并加以改正，下次再尽力就好。

我的父母很少在家长会后围住老师追问细节，而是在了解完我的情况后，充分相信我已经对自己的优势和不足有了清晰的认识。即使回到家，他们也很少提出额外的要求，因为他们通过我的日常表现相信，我能自我管理，并能从每一次的不足中寻找进步的方法。总之，父母对我的信任让我在学习和生活中都有了更强的自主性和判断力。这不仅让我知道该如何做，还教会我如何不断改进，越做越好。

02 陪伴

父母的陪伴是最好的言传身教。我认为自己性格中最大的优点是坚持，这一品质是从父母对我的陪伴中习得的。从小，父母便要求我培养一门体育和一门艺术兴趣，因此，我选择了健美操和小提琴。健美操这项运动不仅对体能要求高，还需要艺术技巧。

在我小学五年的运动员生涯中，父母从未缺席过任何一场训练，并始终陪伴我参加从区级、市级再到全国级的比赛。无论是我在训练中遇到困难，还是被教练批评，他们总是默默支持着我。在全国比赛前夕，教练要求我们在39℃的高温下进行高强度体能训练，围着400米的操场跑8圈，每圈都有速度的要求。爸爸坚持陪我一起跑步，在我几乎要放弃时不断鼓励我，最终帮助10岁的我完成了训练任务。这次经历让我深刻地理解了什么是坚持。

除此之外，父母的陪伴无处不在：中考体育前夕，爸爸陪我练习不稳定的篮球技巧；每次小提琴课，妈妈都陪我一起；初高中的课外班，父母接送并等待我直到课程结束；无论是中考还是高考，他们总是在考场外守候。

正是有了父母的陪伴和支持，我才在脆弱和想要放弃的时候得到了最有力的鼓励，养成了坚持的习惯。高考备考期间，面对高强度的复习节奏，我始终保持"再坚持一下"的信念，耐心突破每一个学习瓶颈。在父母的支持下，我取得了令自己满意的成绩。

因此，我认为父母在家庭教育中的陪伴至关重要。但这种陪伴不是要侵入孩子的生活细节，而是基于对孩子的信任，给予其适当的空间，做孩子人生路上的引路人。

余帅说

"许多家长在孩子的成长路上，都充当了'监狱长'而不是引路人的角色。家庭和学校变成了孩子的"监狱"，家长时刻盯着，要求孩子按照自己的意愿行事，一旦孩子未达到预期，父母便进行说教。其实，孩子从出生的那一刻起就是独立的个体，有自己的思想和成长轨道，有自己的长板和短板。父母应默默陪伴、支持和引导。如果孩子擅长科技类活动，就发展其科技才华；如果擅长运动，则培养其体育才能。

> 家长不应该通过干涉孩子的未来去弥补自己的人生缺憾，不要因为自己觉得某项技能有用就强迫孩子学习。尽管孩子小时候不敢反抗，但叛逆的种子已经种下。雨馨父母的做法值得我们每个人学习。

03 赞美

家长应看到孩子身上的优点，并通过积极的反馈让孩子认识到自己的长处，而不是一味地在别人面前批评孩子或者是和别人家的孩子攀比。适度赞美孩子，避免夸大其词，同时指出不足，帮助孩子保持谦逊并不断改进。

我的父母从不关注别人家的孩子，所以在我面前从未提及别人家的孩子如何。这种做法让我专注于自我成长，而不是与他人竞争。他们从不吝啬对我的夸赞，经常在他们的朋友面前夸赞我独立、明事理等优点。在我面前，他们会先肯定我的努力，然后再温和地询问我能否做得更好。这种方式既给了我肯定和鼓励，又促使我反思自身存在的问题，以及进一步提升自己。

当我不自信时，父母及时调整他们的赞美方式，告诉我已经远远超过了他们的期待。这让我重拾信心，积极地调整心态，不让心中的"弦"绷得太紧。

高考前三天，英语老师指出了我作文中的很多问题，使我非常焦虑。我当时极度担心平常很擅长的科目会在高考中失误。父母察觉到我的情绪变化，妈妈主动关心我："最近是不是遇到什么困难了？"听到妈妈的关心，我抱着她在书桌前大哭，妈妈平静地安抚我："你已经做得很好了，只要你尽了全力就一定没问题，要相信自己。"等我情绪慢慢平复后，我告知了妈妈具体情况。她解释说："老师可能是希望你在高考时更细致，减少失误，取得更好的成绩。"听完妈妈的话，我心情释然，最终在考场上发挥出色，取得了令自己满意的成绩。

余帅说

"我小时候经常听父母说别人家的孩子怎么好，自己家的孩子怎么不好。这些话非常伤害孩子的自尊心，打击孩子的自信心。孩子会认为父母不喜欢自己，从而逐渐地疏远父母，不想跟他们沟通，也不再信任他们。

很多时候，家长要站在孩子的角度思考，学会共情，真正理解和支持孩子。就像雨馨的妈妈，总是在他人面前夸奖孩子的优点，这不仅让孩子感到开心，也增强了孩子对父母的信任，激励孩子进一步发挥长处。

多在他人面前夸奖孩子的优点，用欣赏的眼光看待孩子，你会发现他们有许多闪光点，孩子也会越来越优秀。相反，如果总是指责孩子，只会让他们变得更叛逆。因此，对待孩子的正确态度至关重要。"

4. 养成良好习惯

回顾自己的成长经历，父母从小培养我的能力和习惯对我的助益非常大。如果没有这些能力和好习惯，我会走很多弯路，增加很多不必要的苦恼。

一是专注力的养成。从我上学那一天起，姥爷就教导我："该学习的时候就专心学习，该玩的时候就痛痛快快地玩。"我一直牢记姥爷的这句话，并养成了高效学习的习惯。尤其是在高中课业压力逐渐增加的情况下，我从未有过不完成作业的情况。通常，我会严格规划学习和生活时间。直到高中，我依然保持22：30准时上床睡觉、6：00起床的规律作息，每天高效利用自己的时间进行学习。虽然周末有4个小时的课外班，但我会在周五晚上提前完成部分周日的任务，这样的周日上午我就能完成本周的所有学习任务，留出下午和晚上的时间用于娱乐或做其他的自由安排。这种习惯让我能够合理安排学习任务，留出时间追星或追剧。

余帅说

"学习时认真学习，玩时痛快玩。以前我以为这只是一句口号，但去了清华大学后才发现，清华学子确实如此。在我的《游名校》一书中，家长可以深刻理解这一点。书中第一篇写的是我参观清华大学的见闻，清华学生不仅学业优秀，还擅长打牌、跳舞、下棋、踢足球、打麻将、打游戏等多种活动。走访多所名校后，

> 我得出一个结论：名校生并非书呆子，他们只是更努力、专注和自律，背后的付出努力远超常人。

会学又会玩的孩子，心里不会有那么多压力和负担。玩好了就不会总想着玩，而是能专注于学习。很多孩子在家长眼里总是玩不够，这主要是家长没有正确引导孩子如何尽情玩耍，总是盯着和管着，导致孩子玩得不尽兴，学习时也无法集中注意力。

所以，教会孩子如何玩和如何学同等重要。家长正确的引导不仅能让孩子尽兴玩耍，还能提升他们的专注力。让孩子投入自己喜欢的事情，既易于让他们尽兴，也能提高他们在学习中的专注度。

二是独立自主能力的养成。我理解的独立包括两个方面：生活上的独立和精神上的独立。从小，我的父母就不会替我背书包，并告诉我"自己的东西应该自己拿"。这件小事让我铭记至今。由于我家离学校较远，父母教导我要提前一天准备好第二天要用的东西，以免走到半路发现忘带东西却无法返回家中及时取回。这使我养成了凡事再三确认的习惯，确保万无一失。这个习惯在考试中非常有用，我会多次检查答案，避免了因粗心大意而失分。

余帅说：

> '自己的书包自己拿'，这个习惯看似微不足道，却有助于培养孩子独立自主的能力。很多父母包揽孩子的一切事务，比如帮孩子洗衣服、叠被子等，这些本应是孩子力所能及的事情。却因父母的'大包大揽'对生活缺乏自主性，房间杂乱不堪，假期回家也不主动帮助父母做家务。这时父母反而抱怨孩子懒惰，其实这是家长多年的过度保护造成的。
>
> 没有参与感就没有主人翁意识，孩子只有参与到家庭活动中，才能明白做好日常事务的不易。学习并不是孩子生活的全部，他还需要体验和经历很多事情。家长不能为了让孩子专心学习而将他们置于一个安逸的"牢笼"里，让他们每天除了吃喝拉撒就是学习。这样会养成孩子好吃懒做的习惯，导致他们变得消极、依赖他人。
>
> 一个在生活上不能独立的人，很难在学习上做到独立；一个在生活中懒散的人，也难以在学习上全力以赴。

由于父母工作的原因，我上小学和初中时，他们常常无法准时接送我，但我从未因此而抱怨过。在托管班期间，即使没有父母的看管，我也不会放松对自己的要求，依然按照自己的计划完成自己应该做的事。

我相信很多学生会因为课外班的事情感到苦恼，但是在我们家，是否上课外班，以及上什么课外班都是由我自己决定的，父母只负责提供经济和接送上的支持。这种独立自主的意识大幅提升了我的自驱力和执行力，让我对自己的能力有了充分的信心，并具备了判断和选择发展方向的能力。自己走出来的路，让我越来越自信。

余帅说

> 很多家长不顾孩子的意愿，只要认为是对孩子有益的课外班，就会给孩子报很多。报完后不闻不问，只是花钱买了个心安。结果孩子只能硬着头皮去上课，成绩上没有提升，反而每天疲惫不堪。家长的钱花了，却没得到预期的结果，他们就会责备孩子，亲子关系进一步恶化，导致孩子对学习和家长越来越反感。
>
> 雨馨父母的做法就非常值得借鉴：让孩子自己选择课外班，家长则积极地配合和支持。如果孩子想在某方面提升，自然会选择报班，父母只需提供经济支持和接送服务即可。相反，如果孩子不想报名，说明他对此毫无兴趣，即使报了名也不会专心学习，甚至会故意表现得更差让家长放弃补习班的念头。父母要记住，你永远叫不醒一个装睡的孩子，除非他自己愿意醒来。

三是敢问问题、会问问题的习惯养成。在从小到大的学习过程中，孩子难免会遇到一些自己无法解决的问题。很多家长选择亲自或请人来辅导孩子的功课。在我的家庭中，我的父母从三年级起就不再辅导我的功课。

我有一次拿着一道一元一次方程的数学题询问妈妈，妈妈虽然解出了正确答案，但用了我还没有学到的二元一次方程的方法。我对她说："这不是老师上课教的方法，不应该用这种方法解决。"我爸爸给我听写时也会念错词的读音。这些经历让我意识到，父母其实已经不了解我现在所学的内容，学习终究是自己的事。从此，我不再向父母请求辅导，而是开始独立思考如何解决遇到的难题。

每当我遇到不会的题，我会寻求同学的帮助。小学时，我会给同学打电话询问怎么解决问题；初高中时，我们会通过手机群聊讨论解决方案。高中班级里这种互帮互助的氛围非常浓厚，班主任也非常鼓励我们这种相互帮助的学习方式。同学们遇到学科上的难题，会先互相讨论，如果大家都不会，再去请教老师，并确保每个人都能理解清楚。这种向同龄人请教问题的习惯，既能够增强我们的交流和交往能力，还锻炼独立思考和合作解决问题的能力。

家长过多的辅导可能会让孩子过分依赖家长，遇到困难时不愿主动思考。特别是在高中阶段，独立思考和解决问题的能力尤为重要。可以说，没有独立思考的能力，高中学习难以取得好成绩。

余帅说

"
我见到太多的父母在家辅导孩子作业时，往往演变成一场混战，孩子哭哭啼啼，家长气呼呼。很多父母情绪控制能力较差，在辅导孩子的过程中会忍不住与孩子争吵，导致孩子写作业的时间减少，情绪低落，专注力下降，作业拖延且错误率增加，甚至加剧孩子的叛逆心理。

雨馨通过寻求同学帮助来解决学习问题的方法非常好。即使孩子有几道题错了或不会做，父母也不必插手，让孩子自己想办法解决，父母只需给予支持和鼓励。这样不仅父母轻松，孩子也能通过沟通与同学建立深厚的友谊，提升社交能力。
"

爸妈后来告诉我，他们相信我的高考成绩不会差，但没预料到会如此优秀。我想，这应归功于他们对我的信任、陪伴、赞美。他们在默默指导我养成良好的习惯的过程中，使我变得更加专心、高效，成为一个坚强、独立、有目标的人。

Part 2

家长视角的家庭教育

"认知引导式"家庭教育

——

人与人的差距之一是认知差异

郭泽龙家长

孩子姓名：郭泽龙

孩子学校：清华大学

2023 级 理论经济学专业

郭泽龙	妈妈，您现在有一个小时的时间吗？今天我想以采访者的身份采访您，请您谈谈家庭教育问题。
妈　妈	好的，有时间。
郭泽龙	妈妈，在教育过程中，您有什么心得体会可以分享吗？
妈　妈	很多呢。只要提到你，就像按下了我的幸福按钮。从你小升初被十一学校提前录取，到中考直升免考，再到高考后被北大提前签约，大三保研到清华直博。回顾你的学生时代，你确实是名副其实的学霸。无论何时，回忆起你从小到大自律、自知、自强、自由的成长过程，点滴之事都令人回味无穷。这些年我多次受邀演讲，分享教育经验和方法，与其说是分享给他人，不如说是在重温你成长中的幸福回忆。
郭泽龙	是啊，我的成长离不开你们的支持。您觉得这些成就的根本原因是什么？
妈　妈	我认为提高孩子的认知最为重要。一个人的认知决定了他的行为，进而影响他的人生走向。人与人的差距在于认知的不同，认知水平决定人生上限。随着年龄的增长，我愈发认识到培养孩子认知基础的重要性。

郭泽龙　　妈妈能具体讲讲吗？有没有具体的例子？

妈　妈　　举个例子吧，你小时候，我常对你说："清晰角色，各司其职。"那时正值我职场拼搏期，你的日常起居由姥姥姥爷和爷爷奶奶轮流照顾。你曾问我，为什么别的同学的妈妈每天都能来接他们放学，而我总是出差。你小学三年级，拿着一道关于鸡兔同笼的数学题来问我，随后又提起为何我不能时常陪伴你。作为一名高级职业经理人，我在工作中实践带团队、管理员工的方法；在生活中借鉴周围父母教育孩子的经验，最后我感悟到，带员工和带孩子的道理相通：清晰角色，各司其职。这八个字是我反复实践得出的结论。学习是你自己的事，辅导功课是老师的事。你需要买资料用书或交小饭桌的钱可以找爸爸妈妈，家里每个人各司其职，做好自己该做的事。你是学生，努力学习，成为优秀学生是你的责任；我们认真工作，努力赚钱等让家庭富足幸福，这是爸爸妈妈的职责；爷爷奶奶年纪大了，保养、爱护身体是他们的任务。每个家庭成员做好自己分内的事，就是幸福的家庭。还有一次初二家长会，会上老师反馈家长完成的一些事务，我一脸蒙地问你是什么事，你回答："这些事都在家长群里通知，我以爸爸的名义进群处理了，该做的我都替你们完成了，没做的也不重要，看你们太忙了，我都替你们做了。"你觉得和学校有关的事都是自己的事。那一刻，我既内疚又欣慰。

> **余帅说**
>
> '清晰角色，各司其职'，这一点我非常认同。最近我做名校研学和直播家庭教育时，经常遇到家长眼中的"问题"学生。其实，根本不是学生有问题，而是家长对孩子过度操心，不敢放手。什么事情都想管，孩子稍微玩会儿手机放松下就要管，看会儿电视也要管，恨不得一天 24 小时除了吃饭睡觉，其余时间孩子都在写作业。根本没有留时间让孩子娱乐、感悟和思考。
>
> 本来读书学习是孩子的事，结果变成了家长的事。而且绝大部分操心孩子学习的家长，到了初中就开始管不住孩子，他们的叛逆行为和厌学情绪越来越明显。孩子在成长的过程中会遇到非常多的问题，面对这些问题，家长既不能感同身受，也不能管孩子一辈子。所以，明智的做法是在孩子面对问题时，引导和陪伴他一起成长。每个孩子的情况不同，就像大家都在学习同样的英语课本，但是每个孩子所产生的问题可能不同。每个学习英语的孩子遇到问题时，都有对应的解决方法，父母要做的是引导、鼓励和帮助。
>
> 父母只要做好自己的本职工作，其余的让孩子自己解决，有解决不了的，他会主动向你求助。

郭泽龙 我还记得小时候你总说我自律。您是怎么培养我自律习惯的呢？

妈　妈 自律是你非常宝贵的品质。培养自律的过程看似艰难，却也有章可循。首先，家长不要说得太多，管得太宽。特别在辅导作业时，如果我干涉过多，让你有负面感受和压迫感，只会激起你的反感。所以，让孩子做一件事情，关键在于让孩子感受到愉悦、支持和爱。这是让孩子自律的真正起点。其次，我们从小就培养你对时间的认知和管理。6岁时你戴上了人生的第一块手表。你玩游戏时，我们会设置固定的时间，超时后只是平静地提醒你承担后果。慢慢地，你会自己用闹钟定时，20分钟倒计时结束后能立即结束游戏，这时我们会大声赞扬你。环境影响你，榜样推动你，赞美促进你。解决人生问题的首要方案是先自律，缺少这个，自己就会成为自己的问题，更别说解决问题了。从守时到对自己负责，自律就是不断学会自我塑造，它是有定力和有毅力的前提，只有自律的人才能真正自由。

> **余帅说：**
>
> 问题的出现就是为了让孩子成长，有问题不可怕，关键在于家长如何引导教育。郭泽龙同学6岁时拥有了第一块手表，在父母的引导下开始学习时间管理。无论是玩游戏还是看电视，这些活动容易让孩子上瘾。如果父母的做法是关掉电视，没收手机，孩子会因此与父母争吵。作为父母要知道，学习是孩子的事情。孩子在年龄小的时候，父母需要不断地去提醒和引导，让孩子了解行为的后果并自主选择。

> 比如，孩子上学要迟到时，很多家长会一遍遍地催促，结果是孩子一方面越来越依赖你的催促，一方面甚至会嫌烦、闹情绪和发脾气。我认为，正确的做法是平静地提醒孩子迟到的后果。当孩子因迟到受到老师的批评，下次他就会感激你的提醒。只有亲身经历了不利后果，孩子才会主动操心，不断改进，学会把这件事情做得更好。家长不应做孩子的老师，而是要做孩子的朋友和引导者。

郭泽龙 妈妈，一个人自律的根源是内心要有强大的内驱力。您是如何激发我的内在动力的呢？

妈　妈 有个词叫"心理能量"，它促使我们意识到自己的需求，并驱使我们采取适当的行为去实现目标。所谓"心理能量"，就是内心的驱动力，当你内心充满能量的时候，自然会释放出动力。你小学二年级时，买回了三至六年级的语文教案，晚上睡前自己翻阅。我问你为什么买这么多书，你说："之前在新华书店看到二年级教师教案，提前看了，果然课堂上老师讲了这些内容。有一次我发现有个话题老师没讲到。我想每次都能提前知道老师课堂上要讲什么，这种感觉很好，所以我决定把这些书都买回来。"直到现在，每当想到那天晚上我们一起躺在满是书的床上，安静地说着话，那真是难忘而幸福的回忆。作为家长，要随时留意孩子的兴趣点，帮助孩子深度挖掘他的兴趣，推动其正向发展，以此激发孩子更多的兴趣。兴趣是孩子最好的老师，古人说"好之者不如乐之者"就是这个道理。因为你爱好音乐，我们每年带你去听新年音乐会，你的小号评级达到十级，曾担任小学乐团首席小号，并在初一受邀去奥地利、德国、捷克演出并获得金奖。你掌握了5门外语（法语、英语、西班牙语、日语、意大利语），前4门是因为课程要求，而学习意大利语完全是出于内驱力。为了计划中的意大利10天自由行，你提前三个月自学，基本能做到交流。那次旅行之所以开心，很大程度上是因为你能自如切换英语和意大利语。回国后，你更加坚定了学习多国语言的目标和信心，计划掌握8门外语。学习内驱力最重要的就是激发和培养孩子对某件事情的兴趣点，并且大力支持孩子去用自己的方法完成，这样才能引导孩子进入热爱学习的良性循环。

余帅说"

父母要随时留意孩子的兴趣点，积极引导和挖掘，从而不断激发孩子的内驱力。有家长在直播间说，孩子梦想成为一个优秀的电竞选手，家长对此非常苦恼，觉得孩子废了，一心只想打游戏。我告诉这位家长：'孩子有自己的梦想和追求是很好的事情。像他这样的同龄人，很少有人有自己的梦想。'家长听完表示很疑惑，我继续解释：'梦想不是用来实现的，而是用来督促进步的。可能一两年后孩子会换另一个梦想，父母要做的是大力支持并加以引导。比如孩子想学打电竞，那么你可以帮他分析考上中国传媒大学所需的高考分数。告诉他，只要他喜欢就大胆地去追求。有空也可以带他去中国传媒大学亲自感受一下，这样他对自己的梦想会有更深的了解。'

孩子的兴趣都是好的，关键在于父母如何看待和正确引导。现实中很多家长一听孩子的兴趣就觉得不靠谱，认为没前途，浪费生命，甚至会直接否定。时间长了，孩子连话都不想跟家长说了，因为家长一直用讲道理的方式否定他，而不是倾听、鼓励和支持他。

郭泽龙 亲子沟通是家庭教育的重要课题，很多学生，特别是中学生，都不太愿意和家长沟通，您怎么看待这个问题？

妈　妈 良好的沟通是父母走进孩子内心的一座桥梁，是建立亲子关系、促进孩子健康成长的重要一环。沟通最需要的是共情能力即同理心，设身处地体验他人的处境，感受和理解他人的情感。沟通不是情绪的宣泄和观点的输出，而是在合适的时机，用合适的方式表达合适的观点。同样的事情，在不同的时间用不同的语气表达，收到的反馈可能截然不同。为什么在社会上大家都会收敛自己的情绪，运用正确的沟通方式与他人相处，回到家反而不会了呢？我和你爸爸从不把工作上的烦恼带回家里，与你的沟通多是理智且充满正能量的。所以，你在耳濡目染中，自然学会了心平气和地与他人沟通。一个家庭中，身教大于言传，子女就像父母的一面镜子，孩子的行为就是父母行为的映照。你上高中时，我几次去参加学校的家长会，都没有机会和政治老师单独交流。有一天在路上碰见了你的政治老师，我赶紧上前打招呼说："终于可以当面感谢您对小郭的教育和培养，能让一个在青春期的孩子喜欢学习政治，真是太感谢您了。"你们政治老师说："怪不得大家都喜欢小郭同学，说他情商高，看来是受妈妈的影响啊。"你是我们的孩子，更是我们生活中的一道光，是我们最亲近的人，也是我们最真实的一面镜子，时刻都在映照着我们的言行。

郭泽龙 我觉得很多父母之所以无法和孩子沟通，是因为他们总把自己放在高高在上的位置上。

妈　妈 是的，其实父母是一份职业，需要不断学习。这是我的理解。"家庭不是一个单纯讲理的地方，而是一个用爱沟通的地方。"这句话告诉我们，在家里并不是不需要讲道理，而是要用充满爱的方式与家人相处。爱不是彼此控诉。很多父母从不去思考一个问题：为什么孩子要听大人的话？教育孩子靠的不是家长的权威，而是爱。有一次我们在高铁上因为一点小事各执一词，互不相让，吵起来了。这时你突然哭了，我愣了一下迅速调整情绪，平静地对你说："刚才妈妈说得可能也不对，希望你理解原谅一下。毕竟我也是第一次做妈妈，很多事情我也在不断学习，你要给我改正的机会。"你听完我的话，立刻就把头靠在了我的肩上。父母是一个特殊的职业，我们都是未经培训就直接上岗的。好家长不是与生俱来的，是需要不断学习与摸索的。

> **余帅说：**
>
> 每次我接到家长咨询研学的电话，家长总是先列举自己孩子的各种缺点。但当我在线下与孩子真正接触交流的时候，并没有发现父母所说的'缺点'。所以，每次研学结束，我都会告诉家长孩子身上的闪光点，并嘱咐家长要多关注孩子自身的优点，多鼓励孩子。然而，有部分家长听到我说的这些闪光点时却不以为然，认为这些不符合他们期望，因而觉得孩子不好。这一刻，我突然明白了，为何有些孩子学习时缺乏足够的内驱力。因为家长对他们没有鼓励和认可，只有各种要求和指责，别说孩子，即使是一个成年人整天在这种环境下也很难有动力做事。
>
> 当别人提到孩子的优点时，有些家长不仅不赞同，反而认为这些都是自己孩子的缺点。利用权威教孩子时，他们不管孩子说得对不对，只想展示自己的权威，证明自己讲的话都是对的，都是对孩子好的。这是非常错误的做法。在这种打压式教育下，孩子小时候就

> 不喜欢和父母说话，长大后会变得越来越叛逆，他们会用自己的行为和方式去对抗这种权威。
>
> 家是讲爱的地方，家长和孩子的相处需要不断地沟通和学习，家长也有做错的时候，要能勇敢承认自己的错误，这样不仅能让孩子感受到父母的爱，还能给孩子树立知错就改的好榜样。

郭泽龙 妈妈，您怎样看待高考？在您看来，高考有什么特别的意义吗？

妈　妈 高考不仅是对过去十几年学习生涯的总结，也是对个人综合素质的全面检验。回想你高考备考期间，我们全身、全情、全程的陪伴，这段时光在我们的人生中弥足珍贵。你高一时作为交换生在法国学习，学习期间你各科成绩都很优秀，法语学得很好。当时你可以留在法国轻松上大学。但你说："作为中国学生，我还是想回国参加中国高考，目标是北京大学。"从你确立目标后，你就全力以赴。每天早上6：30出门早自习，晚上11：30以后才回家。高考倒计时30天的时候，你连下楼的那几分钟都在看书。我多次建议你在那几分钟休息一下，你却淡淡地说："你知道什么叫滴水穿石？"高考就是一场人生之战，学生首先要有明确的目标，然后全力以赴，全情投入，这个过程本身就是一次宝贵的人生体验。

郭泽龙　现在想想，当时确实很辛苦，但是这些辛苦都是值得的。妈妈，你当时有没有怀疑过我考不上北大呢？

妈　妈　我从未怀疑过。你清晰的高考目标，勤奋学习的身影和从容的态度让我很坚信你能考上北大。这份相信不仅在日常生活中无形地推动着你，也让你更有动力。所以我认为，作为家长，一定要给孩子十足的信任。如果最亲近的人都不信任孩子，他们又怎能取得好结果呢？事实证明，这份信任的力量的确带来了成效，相信就能看见。

> **余帅说**：
> 信任是家长给孩子最好的礼物。如果连自己最亲近的人都不信任孩子，还有谁会信任他们呢？缺少家长信任的孩子，哪来的勇气去克服学习上的种种困难呢？家长的信任就是孩子成长路上的光，你要相信信任的力量。

郭泽龙　妈妈，感谢您对我的信任，其实我的高考过程并不是一帆风顺的，其间还是遇到了不少困难。当我面临困难的时候，您的内心是如何想的呢？

妈　妈　在生活中，每个人都会面对自己的困难，此时父母的情感支持尤为珍贵。你的成绩一直位列年级前五名，但二模成绩非常不理想，排名跌到了四十多名。

你得知成绩的那一刻崩溃大哭，我当时内心非常焦急，但是我忍住了没有打断你的情绪宣泄。你冷静下来后，故作平静地说："北大算什么呀，那么多大学任我选。"第二天晚自习放学，我开车接你，在车上放着轻松的音乐，这时我们又聊起二模成绩。我说："你可以痛苦、崩溃、消沉几天，但你最终还是要面对这次失败。与其用情绪对抗不如好好反思为什么这次成绩不那么理想，只要你认真总结，下次就会避免同样的错误。况且二模失误并不代表不能上北大。"从第一天安抚情绪，到第二天引导思维，提供可信的鼓励并给出解决方案，你很快整理好了情绪，总结了二模失利的原因，迅速恢复了状态，最终在高考取得了满意的成绩。家长要允许孩子宣泄自己的情绪，之后要教会孩子做好情绪管理。

余帅说

"郭同学家长的做法值得大家学习。不少家长在孩子考试失利时往往会批评孩子，并用自己的焦虑来教育孩子，但这只会让孩子压力越来越大。所有问题的出现，如若处理得好，都能促进孩子成长。问题出现后积极分析原因，找出解决方案。如果郭同学二模后没有找到原因，父母又不会引导，那么他的压力更大，同样的失误和问题可能在高考中重演。

> 学生考试失败并不可怕，可怕的是学生努力了、坚持了，再遇到焦虑的父母。这样的'内忧外患'会让孩子承受巨大的压力。在这种情况下，别说成绩进步了，能保持现状就不容易了。

郭泽龙 从小到大，您和我的老师之间关系都处得很好，您和老师沟通有什么技巧和方法吗？

妈　妈 家长与老师的高效沟通对孩子的学习和成长非常重要。家长是孩子人生的影响者，老师则是传道授业的解惑者。有效的沟通有助于调整孩子的学习方法，提升成绩。从小学到高中，每次家长会我都会与老师单独沟通，并且一定会带着你一起参加：首先，你可以认真聆听老师的点评，了解有关课程和学习内容，有效规划自己的学习计划；其次，通过参与我们的交流，你能感受到交流是平等的，增加你对我和老师的信任；再者，我会在每次交流时向老师介绍你的优秀表现，让老师多角度地了解你，加强对你的关注。有一次，我们走进英语老师的办公室，刘老师看到我俩竟然用书捂着脸说："哎呀，今天你教我的法语单词，我还没有背过呢。"高考前最后一次我们见刘老师时，她对你说："你是我心里今年北京英语高考状元。"高二期末考试时，你排名全年级第八名，平时都在前五左右。我们去见语文老师时，王老师第一句话是："很抱歉这学期语文拖了小郭同学的后腿，虽然语文排名第58位，综合还能进入前10，说明小郭同学还是很有实力。"回想起你高中的老师们，我内心充满敬意。孩子需要认知自己的情绪和行为，也需要理解周边人的情绪和行为。特别是学生时代，能和老师保持良好的互动，这份能力非常有价值。

郭泽龙 高三那一年您为我做了充足的后勤保障，还把我备考期间的点点滴滴记录成册送给我当作礼物。关于高三陪伴，您有什么想说的吗？

妈　妈 高三这一年，我不仅密切关注你的情绪变化，还会及时与你沟通，了解你的想法和需求。高考前紧张的学习与复习阶段，学校要求早自习6：30到校，晚自习11：30下课。为了让你多睡几分钟，我和你爸爸商量后决定把你吃早餐的时间移到了上学路上，我准备好丰盛的早饭装进便当盒。等你洗漱完，你爸爸已把车子开到楼下并开好空调等着你上车。从起床到出发只要10分钟时间。每天的早送晚接，都被我们视为和你在一起最宝贵的时光。连续162天，我记录了1431张照片，写下十多万的文字，全程记录你的每一天。等你高考结束后，我认真整理这些记录，印刷成《郭泽龙的高考时光》上下册，作为礼物送给你。看你每天那么努力，我和你爸爸所能为你做的只是锦上添花。

> **余帅说：**
>
> 看到这里，我就明白了为什么郭泽龙同学如此优秀，因为其背后有着同样优秀的父母。虽然没见过郭泽龙的父母，但也能从字里行间感受到这个家庭的温馨：一个只有关爱没有无休止地讲大道理的家，一个只有引导没有权威的家，一个没有情绪对抗只有良好沟通的家。
>
> 所以，我深深认同郭同学妈妈的话：父母本身就是一份职业，而很多家长没考证就直接上岗了，难免会出现各类问题。在做父母这条路上，任重而道远，不停学习才能真正地胜任。

郭泽龙 妈妈，您为我做的这本书，到现在我还经常翻出来看看。别人的高考都是痛苦、煎熬，而我印象中的高考是温馨、积极的，这份美好的回忆离不开你的支持。我的采访也到此结束了。作为总结，我想再问一个问题：如何概括子女和父母之间的关系呢？

妈　妈 父母与子女的关系永远是双向的。有了孩子，我们才能在生活中找到不竭的勇气、生命的柔软、爱，以及不灭的希望。我前几天看到一个统计数据：从孩子出生到上大学，扣除上学和独处的时间外，父母能陪伴孩子的时间总共不超过 620 天。其实，父母与子女的缘分是一场渐行渐远的旅程。我们有幸成为子女的父母，希望能在与孩子相伴的过程中不断学习，在未来遇见更好的自己，成就彼此更好的人生。

"用爱激励式"家庭教育

用爱构筑起孩子与父母一生的情感联结

颜李如家长
孩子姓名：颜李如
孩子学校：北京大学
2023级 教育经济与管理专业

教育孩子的旅程既充满挑战也满载希望。作为父母，我们深知家庭不仅是孩子成长的第一课堂，更是他们人生旅途中不可或缺的引路人。回顾与女儿李如一起走过的日子，每一步都充满了心血与智慧，这些点滴不仅见证了她的茁壮成长，也为我们的生活增添了无数温暖和光彩。如今看到李如逐渐成长为一个独立自信、充满爱心的少女，心中倍感欣慰。借此机会，愿将自己在家庭教育中的点滴经验分享出来，希望能为其他家长提供些许启示。

01 家庭教育的基石：陪伴与家庭氛围

在孩子的成长过程中，他们对世界的认知构建以及内心安全感的确立，在很大程度上依赖于父母。就像李如小时候，我和她的父亲每天下班后都会尽量早些回家，一同精心准备晚餐，并享受家庭时光；饭后，我们会陪伴她做作业，耐心解答她的问题。到了周末，我们带她去成都周边旅游，爸爸还陪她进行体育运动。3岁之前，我们请了一位住家保姆帮忙照顾；在她3~5岁这段时间，我决定辞去工作全职照顾她，牺牲了一部分职业发展。有研究表明，孩子在7岁之前的早期阶段最需要父母的陪伴，这一时期陪伴的缺失难以通过日后的加倍努力弥补。因此，我认为参与孩子的成长，必须抓住关键时期。

她上幼儿园后，每天中午，我都会按时接她回家午睡。那是一段温馨而宁静的时光，阳光透过窗户的缝隙，如丝如缕地洒在床铺上。我会轻轻地为她盖上柔软的被子，看着她渐渐进入甜美的梦乡，她那恬静安详的笑容如同一幅美丽的画，深深烙印在我的心间。每天睡前，诵读睡前故事成为必不可少的温馨仪式，我会坐在她的床边，给她读一些故事，或一起看一些益智绘本。在孩子成长的关键时期，尤其是0~3岁这个建立安全感的至关重要的阶段，我们尽可能多地陪伴在她身边，甚至放弃了部分工作发展的机会。因为孩子的身心发展遵循着固有的规律，在这个阶段，他们如同娇嫩的花朵，最需要的是父母无微不至的爱与悉心陪伴。正是这些日常的陪伴，帮助她在成长过程中建立了坚实的安全感，并成为她在面对人生风雨时最为坚实的力量源泉，让她在每个成长阶段都能满怀自信，内心始终充满温暖的阳光。

> **余帅说**
>
> "看到这篇文章时，我感到十分震惊。这居然是一位母亲撰写的关于家庭教育的文章，可见这位母亲深谙家庭教育之道，难怪能培养出如此出色的女儿。尤其是她为了陪伴年幼的孩子而辞职的举动，确实令人惊讶。我接触的大
> - 多数父母，几乎都是一天到晚忙于工作，根本
> - 没有时间陪孩子。即便晚上有短暂的陪伴时间，

> 也往往用来督促孩子写作业。
>
> 然而，正是这位母亲在孩子 7 岁前的悉心陪伴，让她女儿获得了足够的关爱和支持。这也让我深刻认识到，在孩子成长的关键时期，父母的陪伴是多么重要。

良好的家庭氛围如同肥沃的土壤，孩子就像深埋其中的种子，在这片土壤中生根发芽，茁壮成长。一个和谐与温馨的家庭环境，无疑是孩子茁壮成长的必备条件。我和她的父亲始终将夫妻关系的和谐视为重中之重，夫妻之间那真挚的关爱、尊重和良好的沟通，如同大厦的基石，是孩子内心深处安全感的重要源泉。在李如面前，我们偶尔也会有小的争执，但这些争执无伤大雅。通过这种方式，我们不仅为孩子提供了安全的成长环境，还让她学会了处理人际关系中的矛盾与冲突。

有一次，我和她的父亲因为一些家庭琐事发生了激烈的争执，声音也不自觉地提高了许多。李如当时就静静地站在一旁，默默地看着我们，她的眼神中满是担忧与不安，就在那一刻，我突然意识到我们的行为可能会给她那幼小的心灵带来难以磨灭的伤害。于是，我们立刻停止了争吵，深深地吸了一口气，努力让自己平静下来，然后坐下来坦诚地沟通。

我们开始反思彼此的沟通方式，寻找改进的方法，尽量避免在孩子面前发生激烈的争吵。从那以后，我们更加谨慎地注意在孩子面前的一言一行，即使遇到不同意见，也会选择在恰当的时间和合适的地点，以平和理性的方式进行交流沟通。我们学会了用"我觉得……你觉得呢？"这样委婉而尊重的句式来表达自己的想法，同时也给予对方充分表达意见的权利，真正做到了相互尊重。

在家务分工上，我们也各尽其职，她爸爸负责做饭，我负责洗衣服和扫地等家务。我们希望通过这种方式，让孩子感受到父母都在为家庭建设而付出，营造男女平等的家庭氛围。

> **余帅说**
>
> 我小时候最怕的就是父母吵架，每次他们吵架，我都吓得躲在角落。吵架后，母亲都要回外婆家，从浙江坐三天三夜的绿皮火车去广西，这意味着她一走就是大半个月甚至一个月。那时，我常常担心自己会被抛弃，这种恐惧让我失去了自信，也无法专注于学习。父母每吵一次架，都会对孩子的自信造成深远的影响。久而久之，孩子会变得沉默寡言，甚至也开始模仿他们以吵架的方式来处理问题。
>
> 相比之下，李如的父母及时意识到了吵架对孩子内心的消极影响，并改变了相处方式。这一点非常值得其他家长学习。正如古人所言：'家和万事兴，家不和，万事衰。'

02 家庭教育的核心：价值观塑造与兴趣挖掘

孩子就像一张待绘的画布，在成长过程中逐渐展现出绚丽多彩的人生画卷，而价值观则是这幅画卷的底色，决定了整体的色调与风格。在李如的成长历程中，我始终高度注重通过言传身教，潜移默化地引导她树立正确的价值观。从日常生活中那些看似微不足道的事入手，耐心地教导她要心怀善良、诚实守信、勇敢担当。无论是分享一个温暖的故事，还是面对困难时展现勇气，这些细微之处都在无形中塑造着她的价值观。通过这种方式，我希望她在成长的过程中能够拥有坚实的道德底线，成为有责任感、充满爱心的人。

在我女儿李如年幼时，每当我们在街头巷尾遇到步履蹒跚的老人过马路，我都会主动上前搀扶，并对她说："李如，爷爷奶奶走路不太方便，我们去帮帮他们吧，这样他们就能安全地过马路了。"通过我们的言传身教，她逐渐学会了尊重老人，并懂得如何孝顺自己的爷爷奶奶和外公外婆。

她初中担任班长时，每天晚上都会有同学打电话向她请教问题，我对她帮助同学的行为给予了全力支持，并告诉她："帮助他人不仅仅是一种高尚的美德，更是一种宝贵的收获。在这个过程中，你不仅能够获得成长，还能收获珍贵的友谊，提升自己的人生价值感。"

有一次，为了给一位同学详细讲解一道难题，她花费了大量的时间，甚至险些未能完成自己的作业。我安慰她："别急，你帮助了同学，自己也对知识掌握得更加牢固了。你的付出非常值得，因为你让同学也取得了进步。"

通过这些经历，李如逐渐明白了责任和奉献的深远意义，养成了乐于助人的习惯。从初中开始，她一直是小组长，帮助班上的同学一起学习、共同进步。在这个过程中，她变得更加大方和真诚，最重要的是，她在帮助同学的同时，自己的成绩也得到了提升。

很多父母担心孩子给别的同学讲题会耽误自己的学习时间，但我的观念是，应该让孩子有一种包容开放的态度，学会与各种同学相处。在孩子的成长过程中，父母应在学习上多放手。从小到大，李如的家庭作业我都只负责签字，从不过问具体的考试分数或家庭作业正确率。

我认为父母应具备"抓大放小"的智慧，多关注孩子的人际关系和价值观培养，把学习上的细节问题交给孩子自己去把握。这样，她才能真正成为学习的主人。

> **余帅说**
>
> 许多家长没有明确自己的本职工作，既充当父母的角色又试图扮演老师的角色，过度关注孩子的学习成绩，结果往往会导致家庭关系紧张。实际上，父母的职责是作为监护人，给予孩子支持和引导，帮助他们形成正确的价值观和良好的品德。而学习方面的事情，则应交给专业的教师来处理。

> 如果连老师都无法提升孩子的成绩，单靠家长也很难取得理想的效果。与其花费大量时间紧盯孩子的成绩，不如与老师建立良好的沟通关系，共同合作促进孩子的学业进步。
>
> 学习是孩子自己的责任，而不是家长的任务。过度关注孩子的学习，反而可能让孩子对学习产生抵触情绪。家长真正需要做的，是关心孩子的整体成长和发展，帮助他们找到内在的学习动力。当孩子感受到父母的支持和关爱时，他们会更加主动地关注自己的学业。

家长需要认识到，孩子都是独立的，拥有自己独特的兴趣爱好。这些兴趣爱好就像一扇扇窗户，透过它们，孩子们可以好奇地探索着丰富多彩的世界，逐渐发现自我、认识自我。

李如在初中阶段，像许多青春期的女孩子一样，开始在意自己的外表形象，并对美产生了强烈的追求。我深刻地理解这是她在青春期的正常心理需求，也是她对美的一种积极探索。因此，我并没有像有些家长那样一味地反对，而是坚定地支持她。周末，我会利用闲暇时间带着她去商场，一起挑选她心仪的衣服和鞋子。让孩子自己挑选衣服的过程，其实也是在培养她的审美能力，有时我们对某件衣服的款式或颜色会有不同看法，但我们始终尊重彼此的意见，通过深入的交流与探讨，最终选出她最满意的搭配。这种做法不仅帮助她建立了自信，也增进了我们的亲子关系。

我始终坚信，当孩子的外在形象需求得到合理满足后，她会变得更加自信从容，从而能够以更加饱满的热情和积极的态度投入学习和生活的各个方面。从初中开始，李如自己搭配衣服。在这个过程中，我明显感受到她的变化：不仅变得更加自信开朗，还学会了合理安排时间。在追求美的同时，成功平衡了学习和生活之间的关系，她更加积极参加学校组织的各种活动。初中时，她加入了校学生会，并当选"执行校长"，协助老师进行学校管理；作为班长，她还组织很多班级活动。

作为母亲，我也经常给予她支持和鼓励。我能感受到孩子在初中阶段，变得更加自信和独立，她的领导和管理才能也逐渐显现。我觉得这是她的兴趣和特长所在，因此有意培养和引导她。家庭教育的重要使命就是因材施教，弥补学校应试教育缺失的地方，帮助孩子发现自己的能力特长和兴趣所在。通过这种方式，不仅能促进孩子的全面发展，还能激发他们的内在潜力。

余帅说

青春期的女孩通常会在意自己的形象，这是成长的一部分。在这个阶段，父母不应过多干预。因为孩子都有逆反心理，过度干涉可能会让孩子在父母不在时花费更多时间偷偷打扮。在意形象是每个孩子成长中的必经过程，我们需要理解并接纳这一点。

通过理解和包容，家长可以帮助孩子平衡

形象追求与学习时间。如果在青春期被严厉压制，孩子可能会在大学期间疯狂弥补这种缺失，专注于打扮，甚至可能因此忽视学业或做出不当的选择。

相反，如果在中学阶段满足了孩子对形象的需求，到了大学，他们就不会痴迷于打扮，而是会有更多时间专注于学习和其他重要事务。这样不仅能促进孩子的全面发展，还能帮助他们建立健康的自我认知和生活态度。通过这种方式，父母不仅能够更好地支持孩子的成长，还能为他们未来的成功打下坚实的基础。

03 尊重青春期的孩子：鼓励与包容

很多家长认为孩子进入高中后会变得令人头疼，因为青春期的到来会有诸多挑战。其实，所谓的"青春期问题"往往是因为父母的应对方式未能跟上孩子成长的步伐，导致了沟通障碍，并不是所有孩子都一定会经历"青春期叛逆"。作为父母，我们需要不断更新和学习家庭教育的知识，以便更好地支持孩子的成长。

在李如读高中期间，学校和单位都会组织家庭教育讲座，我积极参与这些活动，向教育专家们学习经验。在学习的过程中，我明白了与高中生相处的关键在于鼓励与包容，而不是将她与其他孩子进行比较。很多青春期的叛逆行为实际上源于父母的"不尊重"。

在她读高中期间，我始终鼓励她充分发挥自己的优势，勇敢地去做自己真正喜欢的事情。无论是在学习的领域，还是在生活中，我都用心关注她的成长，发现并肯定她身上的闪光点，并给予她充分的肯定和热情的鼓励。比如，高三时，学校组织了播种向日葵的活动，她对此表现出了极大的热情。每天早上，她都会雷打不动地前往教室的阳台，仔细观察操场大树旁向日葵的生长状况，认真记录下每一个细微的变化，仿佛这些向日葵是她最亲密的伙伴。我敏锐地察觉到她对这件事情的热情，也由衷地尊重她的选择。每天送她上学后，我会特意去学校操场为他们班的向日葵浇水、施肥（使用自己精心制作的果肥）。我觉得，这不仅是对她兴趣爱好的支持，也是对她个性的尊重。我们还会饶有兴趣地讨论向日葵的生长习性，分享关于植物的知识。通过这种方式，我不仅支持了她的兴趣，还加深了我们之间的交流和理解。只有充分尊重孩子的个性，才能为孩子提供广阔的发展空间，让她在成长的道路上充分发挥自己的潜力，成为独一无二、无可替代的自己。

> **余帅说:**
>
> 在高三这样紧张的时刻，母亲依然尊重孩子的兴趣，并且帮助一起照料向日葵，这种做法确实难得。也正是这种尊重，换来了孩子对父母的信任。在高三忙碌而枯燥的日子里，李如通过每天照料向日葵获得了生活动力，并借此得到了一定的放松。这个短暂的放松和解压，帮助她在高压力的学习环境中坚持了下来。
>
> 如果此时父母阻止了她的这一兴趣，甚至批评她，那么李如可能会失去信心，整个高三阶段也可能因此变得灰暗无光，就像向日葵得不到照顾一样枯萎。
>
> 通过这种方式，父母不仅支持了孩子的兴趣，还为她提供了情感上的支持和心理上的放松空间，帮助她在高压的学习环境中保持积极的心态和充沛的动力。这不仅促进了她的学业进步，也增强了她的心理健康和幸福感。

孩子在成长的过程中，如同学习飞翔的小鸟，难免会犯错和遇到挫折。这是他们成长的必经之路。作为父母，我始终相信包容和理解是帮助孩子茁壮成长的重要方式。

高三时，李如对班里的向日葵关爱有加，由于担心它们营养不够而施肥过多，导致向日葵的生长出现了问题。她当时非常着急，甚至翘了两节自习课去处理此事。当班主任老师打电话告知我这件事情时，我并没有像大多数家长那样立刻责备她，而是站在她的角度，尝试和班主任沟通，希望班主任理解女儿，同时保证会督促女儿把课程补回来。

作为父母，我们才是最了解孩子的人，我知道她是一个非常有爱心的女孩儿。如果我也指责她，那还有谁会支持她呢？其实她在高三遭遇了很多挫折，四次诊断性考试都没有考好，高考前还发高烧、流鼻血。我觉得，作为父母，最重要的是给予她支持和鼓励，让她有足够的信心面对挑战。

无论她考得多差，我都会表达出对她学习上的信任和鼓励，所以她的抗挫折能力一直都很强，并没有因为几次考试失利而否定自己。高考第一天，她的数学没考好，但她依然充满信心地参加第二天的考试，最后一门英语她考了148分。孩子的坚韧意志和关键时刻的心理素质源于平时的锻炼。

所以作为高三生的父母，最关键的是给予孩子鼓励和支持，增强他们的信心。千万不要因为成绩的波动而否定孩子，要站在孩子这边。高三的家长需要一种放松的心态，不要把孩子逼得太紧，给他们解压是父母最应该做的。只有在一种轻松的家庭氛围里，孩子才能够健康成长。这样不仅能促进孩子的全面发展，还能帮助他们建立健康的自我认知和生活态度。

> **余帅说**

之前我在直播间碰到一个家长，她的孩子即将中考，但她仍然频繁地批评和责骂孩子，给孩子施加了巨大的压力。原本孩子能考上重点高中，但由于妈妈比孩子自己还紧张和焦虑，这种情绪传递给了孩子，使从未经历过大考的孩子感到喘不过气来，最终导致孩子不再写作业。而当妈妈因孩子的表现不佳而打了她一顿后，孩子干脆旷课，彻底放弃了学习。

类似的情况中并不少见。尽管有些家长嘴上说不会给孩子压力，但通过眼神、行为举止等细节，敏感的孩子依然能感受到家长的焦虑，而这份焦虑往往会成为孩子最大的压力源。

关注孩子的成长，而不是仅仅关注成绩，才能帮助家长远离焦虑，并为孩子创造更多的成才机会。只有在轻松的家庭氛围中，孩子才能健康成长，发挥出自己的潜力。

最后，我想说的是，父母对孩子的爱是一种无条件的爱，而家庭教育的核心在于用这种爱构筑起孩子与父母一生的情感联结。这种联结就像孩子的"充电站"，为他的一生提供源源不断的能量。那些与父母联结得好的孩子，他的一生都充满自信和爱，有能量去面对自己、他人，以及人生的挫折；相反，那些与父母联结不佳的孩子，在成年后可能会缺少爱自己和爱他人的能力，也容易对自己和整个世界失去信心。

这种无条件的爱并不是溺爱，而是家庭教育的底层逻辑。虽然家庭教育的方法和技巧可以通过学习获得，但其底层逻辑需要用心去感受和领悟。每个父母都应该意识到，我们无条件的爱对孩子一生的重要性——它是他们的能量源泉。希望以上经验能与大家共勉，共同为孩子的成长创造一个充满爱和支持的环境。

"共同学习式"家庭教育

尽最大努力走出去，看看外面的世界

许雄家长

孩子姓名： 许雄

孩子学校： 北京师范大学

2022级 科学与技术教育专业

许　雄　妈妈,您没念过多少书,但您总是特别看重我的学习。您是怎么想的呢?为什么您觉得学习这么重要?

妈　妈　镇里那些通过读书走出去的孩子,他们的生活和我们很不同。他们能去大城市,有更多的选择,不用依赖土地为生。看着他们,我就想你如果能多学点东西,将来也会有更多的路可走。虽然我文化水平不高,但我明白教育的重要性。教育就像给你开了一扇大门,让你能看看外面的世界。我教不了你书上的知识,但我能教你做人的道理,如何待人接物,如何坚持做一件事。每次开家长会,我都会认真听老师讲的内容。虽然我不识字,但我记性好,用心记住老师说的每句话。回家来我会跟你聊聊,根据老师的建议,我们一起讨论,看看怎么才能让你变得更好。我知道每个孩子都不一样,你需要找到适合自己的学习方法。所以,我会根据你的个性,给你加油鼓劲,指明方向。我希望你不仅学到知识,还能学会独立思考,学会应对生活中的各种挑战。

> **余帅说：**
>
> 尽管许同学的母亲文化程度不高，甚至不识字，但她对学习的价值有着深刻的认识。她深知学习是孩子改变命运、拓宽视野的最佳途径。正是基于这样的信念，她始终坚定地支持孩子的学业，并坚信读书是孩子走向成功的最佳选择。
>
> 许妈妈明白，作为母亲，她不仅是孩子的亲人，更是孩子人生道路上的启蒙老师。因此，她不仅关注孩子的学业成绩，更注重在生活中传授孩子宝贵的经验和智慧。这些生活中的教导与书本知识同样重要，为许同学未来考上知名学府奠定了坚实的基础。
>
> 正是得益于许妈妈的悉心教育和坚定信念，许同学在学业上取得了卓越的成绩，并成功考入了理想的名校。许妈妈的付出和努力，为孩子的未来铺设了一条充满希望的道路。

许　雄　那么每次家长会您和老师沟通后，有什么特别的体会吗？我看您回来都挺高兴的。

妈　妈　这事儿我确实有很多体会。虽然我书读得不多，但我知道跟老师沟通特别重要。比如初二时你数学成绩下滑，我去学校拿成绩单的时候，找到你的数学老师张老师，问道："我家孩子这次数学没考好，是不是有些知识点没弄懂？"张老师告诉我，你有些知识点没掌握牢，并且学习方法上有些问题。

许　雄　对，张老师当时指出了我在几何问题上的薄弱点。

妈　妈　是的，张老师也是这么说的。我接着问张老师："能不能推荐几本好的练习册，让孩子多做做题补上这些薄弱点？"张老师很热心，推荐了几本书，并告诉我哪些部分是重点。第二天我就跑到书店，按照张老师给的书名买回了那些书，放到你的面前，跟你说："咱们这个暑假就把它们做完，把薄弱的地方补好。"还有一次，你初中时英语成绩一直上不去。我去找你们的英语老师，徐老师告诉我，你单词记得不错，就是不太敢开口说。我就跟徐老师说："孩子有点害羞，能不能请您多鼓励鼓励他？"徐老师听后，就在课堂给你更多发言的机会，还及时表扬你的进步。我也在家里鼓励你，告诉你，说错了没关系，重要的是敢于开口。后来，你英语说得越来越流利，连徐老师都夸你进步大。

> **余帅说**
>
> "许同学的家长有一个非常好的习惯，那就是经常与老师沟通，密切关注孩子的学习状况，并向老师请教如何解决孩子在学习上遇到的问题。家长这样的态度往往能让老师更愿意配合，共同关注孩子的成长。事实上，许多家长都希望老师能多关注自己的孩子，但作为曾经的班主任，我深知一个班级里有那么多学生，很难做到面面俱到。

因此，我非常赞同许家长的做法。首先，在一个拥有四十多名学生的班级中，主动与老师沟通的家长寥寥无几。这样一来，老师更容易记住这些关心孩子的家长，进而更加关注他们的孩子。其次，这种做法还能让孩子看到父母对学习的重视和对自己的关爱，从而激发他们的学习动力。如果您的孩子性格较为内向，不敢主动向老师请教问题，家长的主动参与将是很好的引导方式。毕竟，在学习方面，没有谁比孩子的老师更具专业性和权威性了。只要老师对孩子多一份关心，孩子的成绩很容易得到提升。

细心的家长会发现，很多孩子出现偏科现象，很大程度上是因为不喜欢那个科目的老师。因此，老师对孩子关注度和认可度的高低会极大地影响孩子在该科目上的学习积极性。家长与老师的积极互动，可以有效改善这种情况，帮助孩子更好地应对学习中的挑战。

许　雄　原来是这样啊，怪不得那段时间徐老师经常叫我回答问题。对了，妈妈，您是怎么看待高考的？您觉得它对我来说有什么特别的意义吗？

妈　妈　我认为，高考就像是你人生路上的一座大山，你需要自己去攀登。要是能翻过这座山，前面就是一片新天地。小时候，妈妈总是鼓励你多学习、多读书，希望你能通过学习，走出我们这个小地方，看看外面的世界。高考是你展示能力的跳板。随着你慢慢长大，学习的东西越来越深，妈妈虽然想帮你，但感到力不从心。有时候，看到你10：30上完晚自习回来还皱着眉头做作业，我心里很着急，却帮不上忙。我能做的只是在旁边给你加油打气，问你饿不饿，渴不渴。我知道你高考压力大，我看在眼里，疼在心里。我能做的，就是尽量让你在家里感到轻松，不给你添堵。你累了，我给你捶捶背；你饿了，我给你做好吃的。妈妈虽然不能帮你解题，但可以给你撑腰。你上高中后，学习态度改变了很多，我看你越来越懂事，越来越明白学习的重要性，心里特别高兴。每次寒暑假，我都会问你是否需要去补习班，把那些不懂的地方弄懂。你总是说自己能搞定，但我还是想尽我所能帮助你。看着你那么努力，我心里既骄傲又心疼。高考只是你人生中的一个考验，不是全部。妈妈希望你能考出好成绩，但更希望你能健康快乐。不管高考结果如何，妈妈都会一直支持你，陪伴你。你的努力和坚持，妈妈都看在眼里，记在心里。

许　雄　是的，妈妈，您给我的支持非常重要，但并不是所有家长都像您一样，有些家长因为焦虑，反而会给孩子施加更多的压力。妈妈，您觉得在高三的关键阶段，作为家长能为孩子做些什么来帮助孩子冲刺高考呢？有什么具体的例子吗？

妈　妈　当你进入高三，面临高考这一人生重要关口时，妈妈知道这不仅是对你学业的考验，也是对你心理素质和生活习惯的挑战。作为你的妈妈，我深知在这一关键阶段，需要用更多的心思来帮助你，让你感受到家庭的力量和支持。为了让你更专心地复习，我努力为你营造一个安静、舒适的学习环境。家里的日常活动尽量减少噪声，比如你在看书记单词时，我和你爸会把电视声音调小。我还帮你整理了书桌，收起那些分散注意力的杂物，让你更专注于书本。在生活上，我也尽可能地为你提供便利。高三的学习很紧张，你需要足够的营养来支持大脑的工作。因此，我每天变着花样为你准备营养均衡的三餐，确保你能够获得足够的能量。当你晚自习回家看书时，我知道你喜欢喝鱼汤，也会提前炖好，让你能够补充体力，保持良好的状态。有一次，你为了准备一场重要的模拟考试，连续学习了好长时间，显得有些疲惫。我便提议我们一家三口一起出去散步，放松一下大脑。我们在小区里慢慢走着，呼吸着新鲜空气，听你倾诉着学习上的压力和困惑。散步回来后，你告诉我你感觉好多了，心情放松，头脑也更清晰了。那天晚上，你的学习效率出奇地高，你说是因为心情放松，思路更开阔了。

> **余帅说**
>
> 当我读到'我能做的,就是尽量让你在家里感到轻松,不给你添堵'这段话,我心里颇为感动,许多家庭为了写作业的事吵得鸡飞狗跳,与其说是孩子给父母添堵,不如说父母给孩子添堵,在这种负能量的环境下,孩子不憋出心理疾病来都算幸运。我们小时候读书,学校教室都没有防护栏或铁网,现在不少学校都有完善的防护措施,可见孩子的压力有多大。
>
> 所以,许同学能生活在这么开明、放松的家庭里,是一件极其幸运的事。至少不用跟家长内耗,可以把全部精力投入学习中。这时父母能做的,就是让自己变得更自律、更优秀,跟着孩子一起进步,并在学习以外给予帮助。就像许同学的妈妈一样,从来不给孩子施加压力,而是想尽办法不打扰他的学习,找各种机会帮孩子释放压力,这也给孩子高考的正常发挥奠定了基础。

许 雄 妈妈,您如何看待亲子关系?

妈 妈 我觉得,亲子关系就像一棵树,我们就是树根和枝叶。树根给枝叶提供养分,枝叶让树根感到骄傲。我们母子俩相互支持,相互依靠。妈妈知道你是个有志气的孩子,所以我尊重你的选择,支持你的梦想。你也应该理解妈妈的心意,明白妈妈做的一切都是为了你好。妈妈尊重你的个性和选择,鼓励你表达自己的想法和感受。通过开放和真诚的沟通，我们可以建立起一种坚实的信任关系。家庭应该是一个温暖的避风港，你可以在这里自由地表达自己，感受到被理解和支持。比如你在高中时期，面临很大的学业压力。有一次，因为考试成绩不理想而感到沮丧和焦虑。回到家时情绪低落，甚至有些自责。妈妈看到你的情绪变化，没有直接询问成绩，而是选择了一个更温和的方式来与你沟通。我先让你坐下来，给你倒了一杯你喜欢的可乐，然后温和地问你："今天感觉怎么样？有什么想和妈妈说的吗？"这样的开场白让你感到被关心，而不是被审问。然后你开始向我倾诉自己的担忧。我认真倾听，时不时点头表示理解，最后告诉你："考试只是检验知识的一种方式，它并不能定义你的全部。"

余帅说：

"当孩子考砸的时候，大部分家长像热锅上的蚂蚁，像审犯人一样，气急败坏地责备孩子，让孩子在父母面前失去尊严。结果往往是孩子也会和父母大吵一顿，然后生气地关门。这个时候，家长一定要明白，孩子非常容易在自己的屋里玩手机、玩游戏，甚至上瘾。这是因为父母的愤怒让他们无处发泄情绪。家长可以通过散步、逛街，或者刷视频来释放情绪，但孩子的满腔怒火也需要释放。孩子在房间里通常会选择玩手机、玩游戏，因为他们觉得父母不理解、不尊重他们，甚至认为游戏和手机比父母更爱他们。一个成年人尚且无法克制对手机或游戏的依赖，孩子就更容易上瘾。

但是，许同学不会这样，不需要靠电子产品来发泄情绪。这归功于许同学的妈妈没制造让他借助电子产品宣泄情绪的机会。所以，家长要反思，孩子的某些行为背后的原因往往出在父母身上。

如果家里有一个脾气暴躁的母亲，孩子很可能也会变得暴躁。同样的道理，如果有一个暴躁的父亲，孩子同样会异常叛逆。因为孩子是父母的一面镜子。

所以，在孩子遇到问题时，父母关心而不是审问的做法值得很多父母借鉴。

许 雄 确实，妈妈，您的鼓励与理解在我学习期间给了我最大的支持。现在回想起来，真的特别感谢您，陪伴我从高考到考研，一路走到现在。

妈 妈 我也意识到，作为母亲，我需要不断学习和成长，以便更好地理解和支持你。我希望你知道，无论你遇到什么困难，妈妈都会是你最坚强的后盾。

许 雄 妈妈，那您觉得如何在家庭教育中宽严相济，以促进孩子的全面发展？在我印象里，您和爸爸都对我比较宽松。

妈　　妈　我和你爸在教育你这件事上确实很纠结。周围有些家长管孩子管得特别严，什么都得按他们的要求来，孩子要么憋屈，要么反叛。也有的家庭太放纵孩子，导致孩子没有规矩，谁的话也不听。为此，我们商量后，找到一个既宽松又不致让你放纵的方式。我们知道你有自己的想法，希望你能感到被理解和尊重，同时也懂得责任和是非。

许　　雄　妈妈，您知道我喜欢弹吉他、打篮球、画画，并在这些兴趣上取得了一些成绩，您是如何看待孩子发展个人兴趣和特长的呢？

妈　　妈　你表姐从小就特别优秀，不仅学习好，钢琴也弹得棒，考上了中国人民大学。那可是多少人梦寐以求的学府。她高中时钢琴就考了八级，还经常参加县里的比赛并获奖。每次我和她妈妈聊天，都能学到不少有关教育孩子的方法。她妈妈从小就特别支持她学钢琴，常说兴趣是孩子最好的老师。每次她来咱们家，都会分享怎么鼓励你表姐坚持练习，如何在忙碌的学习中找到时间练习钢琴。这也让我意识到，培养孩子的兴趣和特长非常重要。所以，从小我就尊重你的兴趣爱好。你喜欢打篮球，妈妈就支持你；你喜欢画画，妈妈就给你买画笔和颜料。我希望你的生活不只有学习，还有丰富多彩的兴趣爱好，但是要找到一个平衡点，既能兼顾学习也能发展爱好。到了高中，妈妈可能对你多了一些监督。

因为高中是人生中一个非常关键的阶段，学生的学习任务特别繁重。我希望你能把更多的精力放在学习上，为高考做好准备。但这并不是想限制你，而是希望你能理解，有时候为了更重要的目标需要做出一些牺牲。追求学业和培养兴趣并不矛盾。

> **余帅说：**
>
> 这里有一个非常重要的细节：许妈妈经常向别人取经，因为孩子的表姐考上了中国人民大学。这说明她虚心好学，能不断从家庭教育中吸取经验。她并没有向普通家长学习，而是直接向已经成功培养出优秀孩子的家长取经。换句话说，她在向有教育结果的人学习，这是进步最快的方式。
>
> 我经常建议家长们，认识下优秀的父母，学习他们的教育方法。比如班级前三名的孩子的父母，通常会有不错的教育方法。参加家长会时可以和他们好好认识一下，去其糟粕取其精华，让孩子与这些优秀的孩子多交流沟通，融入优质圈子，避免孩子堕落。
>
> 所以，我一直强调，父母自身也要不断进取，向身边优秀的家长学习，然后把方法应用到自己孩子的教育上。父母优秀了，孩子自然更容易优秀。

| 许　雄 | 对了，妈妈，您觉得作为父母，该如何在孩子面前树立正确的榜样？ |

| 妈　妈 | 作为父母，我和你爸总想着给你树立好榜样。我们希望你能看到，不管遇到什么事，积极面对总比逃避强。比如你爸，工作非常忙，但他从不抱怨，回到家该干什么就干什么。那次咱老家屋顶漏水，他二话不说就爬上去修。他用行动告诉你，家里的每件事都重要，都需要用心对待。再说学习，你爸虽然离开学校好多年了，但他的书桌上总摆着几本书。他常说，学习是一辈子的事，不是只有在学校里才能学。他这么做，就是想让你明白，不管多大年纪，都可以不断学习和进步。我呢，虽然每天忙里忙外，但也在用自己的方式给你做榜样。比如，我每天都会把家里收拾得干干净净，让你一回家就能感受到温馨。我还会抽时间陪你一起学习，陪你准备考试。我想让你知道，妈妈对你的学习也很上心。还有初二时，你参加学校的篮球比赛，我和你爸都去给你加油。你爸还特意请了假，就为了看你比赛。通过这些生活中的小事，我们想让你看到，作为父母，我们不仅在言语上支持你，更在行动上给你力量。我们希望成为你成长路上的坚实后盾，让你知道，不管遇到什么困难，都有我们在你身边。 |

> **余帅说：**
>
> 这是我见过最好的家庭教育之一。在我们身边，有太多的父母道理讲了无数，但自己却做不到。有的父母下班后在家里打游戏、刷视频，却不看书，已经停止了学习的脚步，然后去说教孩子'活到老，学到老'，还要求孩子放学回家不要玩手机、打游戏。然而，孩子写作业的时候，他们却在一边拼命地玩手机。这种教育孩子怎么可能听得进去？家长自己都不自律、不上进，怎么能培养出自律上进的孩子？
>
> 而在许同学的父母身上，我们真正看到了'活到老，学到老'的精神，他们通过各种行动去潜移默化地影响孩子，一个小小的篮球赛，都会请假去观看，他们让孩子真切地感受到了父母对于自己的爱和重视，这种暖到心窝的爱就是孩子学习路上最好的力量，能让孩子放心地在学习上奋斗，因为父母真的是他们背后坚实的后盾。

许　雄 　是的，我现在理解了。回想起来，我的学习习惯一直保持得很好，到了高一高二完全不需要你们监督。你们是怎样培养我的学习习惯的呢？

妈　妈 　我特别认同小学是培养学习习惯的第一阶段。那时候打好基础，后面的路就会越走越顺。从你上小学开始，我就告诉你："放学回家，第一件事就是把作业做完。"这样你就养成了一回家先写作业的习惯。作业做完后，我会监督你复习当天学的内容，帮助你巩固知识，也让你明白复习的重要性。我还鼓励你自己安排学习计划，比如你会决定先做数学作业再做语文作业。这样你能学会独立思考和自我管理。每次家长会后，我都会和老师交流你的表现，听取老师的建议，然后和你一起讨论如何改进。小学时，有一次你放学回家，看到你好朋友们在外面玩，你也想加入。但你记得妈妈的话，先回家把作业写完。写完之后，你开心地跑出去和他们玩，那天你玩得特别尽兴，因为心里没有负担。这个习惯在你上初中和高中时真的帮了大忙。你已经不需要我的提醒，自己就能安排好学习和休息的时间。

许 雄　确实，保持良好的学习习惯是非常必要的，这会让人受益终身。

余帅说

"我非常认同许妈妈的观点：小学是培养学习习惯的第一步。因为我遇到的很多父母一开始不重视培养孩子的习惯，孩子上了初高中各种坏习惯暴露出来时才着急，但这时再去培养或更正就比较困难了。例如，你从小用左手拿筷子吃饭，吃了六年，突然上初一时要求你改用右手，这是很难做到的。

抓习惯要趁早，并且刚开始时要严格要求。只有这样才能为孩子的未来打下坚实的基础。"

"亦师亦友式"家庭教育

——

小事妈妈"引",大事爸爸"导"的原则

小优家长
孩子姓名:小优
孩子学校:武汉大学
2021 级 汉语言文学专业

随着大学毕业日期的临近，我站在了人生旅程的新起点上，对未来方向的选择感到迷茫。幼年求学的点滴记忆不时地在我的脑海中浮现。假期里的一天傍晚，我和父母一起在江边散步，聊起了那些在星光下的赶路时光。

爸　　爸　记得吗？高三那会儿，我们每周六晚上都会沿着江边散步，聊聊你近期的学习状态和感受，帮你调整调整状态，为你加油鼓劲。

小　　优　当然记得。每当在学习上遇到瓶颈时，和你们聊天时我总能感受到无尽的理解和支持，这种感觉很神奇。虽然我一直觉得自己能独立地解决学习和生活上的事，但在我感到困惑或遇到困难的时候，又很依赖你们的支持。而你们总能一语中的地指出我的问题，帮我分析问题、捋清思路，并且给我鼓励。爸爸，你还记得高考前一个月吗？当我向你诉说我的疲惫和压力时，你会安慰我："遇到瓶颈说明还有进步的空间，它在考验你的毅力和定力。这时候解决问题的关键是要坚定目标，也就是确定你想去的大学。然后将大目标分解成小目标逐步去实现。比如，确定每个星期、每天要达成的小目标：突破数学难题、提升英语听力等。"说完后，你还把我们的讨论写下来贴在我的书桌前，这张纸成了我最后冲刺的精神支柱。

> **余帅说：**
>
> 父母永远是孩子最坚实的后盾，也是最好的依赖。良好的沟通能让孩子即使是到了高中也愿意向父母倾诉或者寻求帮助。然而在现实中，大部分高中生不愿意向父母倾诉。主要原因在于父母习惯以自己的立场评判问题，给孩子讲一堆大道理。实际上，孩子们更需要情感上的支持而非教训。遭受不公平待遇的孩子选择沉默，也许是因为他们害怕听到父母的批评。余老师自己也有类似的经历，在初中时被一群人拉进厕所里欺负，我只能忍气吞声，却不敢告诉父母，怕受到责备。
>
> 所以，我很羡慕像小优这样能与父母保持亲密沟通的孩子，不仅能得到父母情感上的理解，还可以一起探讨解决方案。这种亦师亦友的亲子关系值得每个家长学习。

爸爸 我们家在你的教育问题上一直遵循"小事妈妈管，大事爸爸上"的原则。我们一直在努力培养你独立决策以及掌握人生主动权的能力。并且我们很高兴看到你在这方面表现得非常出色。从小你就很有主见，无论是在学习还是生活上，你都清楚自己想要什么，并且有很强的内驱力。我们尊重你的选择，支持你追求自己的梦想，因为我们知道这是非常宝贵的品质。爸爸小时候可没你这么勇敢和能干。你小升初时，为了让你去长沙念书，我每周末开车带你到长沙参加培训和考试。你每次都乖乖地坐在后座，来回两三个小时的路途很辛苦，你还要上一整天的课程，但是你从未抱怨过一句。我真心觉得，我的女儿真的很棒。无论你变得多么坚强和独立，在爸爸妈妈眼里，你永远都是我们的孩子。在你需要帮助的时候，我们会一直站在你身后，做你最坚实的后盾。你尽管往前走，我们会给你最大的支持和安全感。

> **余帅说：**
>
> 父母的核心职责是为孩子提供坚实的支持和充足的安全感，同时避免过度干涉他们的私人领域，以便孩子能够拥有充分的自主发展空间。然而，在当代社会，许多家长未能有效地扮演这一角色，导致孩子不愿意与父母分享自己的想法和感受。家长的过度干预、控制以及频繁唠叨损害了亲子间的和谐关系，尤其是部分父母在与孩子交流时只关注学业成绩而忽略了他们的内心需求。这种单一的交流模式使得孩子们逐渐感到厌烦。设想一下，当你结束了一天的工作回到家中，渴望片刻安静时，如果伴侣不断地与你谈论工作或加班的事，你不同样会感到厌烦吗？

从小，爸妈就尊重我的天真与自由，让我在大自然和书籍的海洋中自由探索、自然成长。他们从不将成绩作为施加压力的砝码，而是耐心地协助我完成基础学业，引导我树立正确的学习观念——学习的真谛在于汲取知识与实现个人成长。因此，我从小就意识到求学的意义在于真正学到知识和实现自我提升，而非同龄间的盲目竞争。这种理念贯穿了我的整个求学旅程，直到现在面临升学抉择时，我的考量依旧基于它是否有助于我进一步深化自我学习与成长。尽管从更为"现实"的视角审视，这一观念或许有些理想化，但学习的本质不正是守护内心深处的乌托邦吗？

由于家乡教育资源有限，父亲建议我去长沙就读初中。

他希望我接受更优质的教育，见识更宽广的世界，结识更优秀的人。

听完父亲的话，我毅然决定前往长沙求学。我渴望领略大江大河的壮阔，更期盼能在广阔的海洋中畅游。无论是面对路途的劳顿还是课程的密集，我都毫无怨言。父亲每个周末都牺牲休息时间，充当我的专属司机，早出晚归，频繁穿梭于高速公路。每次课程结束后，他总是在校门口等候，接过我的书包，关切地询问当天的学习情况。当我因疲惫在后座沉睡时，他默默驾驶，始终守护着我。

我为小升初选拔考试做准备时，急需一本不同版本的政治辅导书。父亲迅速联系他的同学借到了这本书，并立即驱车前往长沙取回。尽管内容差异不大，但他敏锐地察觉我的焦虑，不辞辛劳地往返长沙，只为让我尽早拿到这本书复习，让我安心。当我拿到书的那一刻，眼眶早已湿润。

爸爸总是竭尽所能，在背后默默且坚定地支持我。他告诉我，我比儿时的他更加勇敢和能干，而这正源于他所给予我的底气和安全感。他为我遮风挡雨，指引方向，并不断鼓励我："向前走吧，你一定行！我们永远站在你身后支持你！"

余帅说

"小优父亲那种无声的支持堪称家长的楷模。他默默地陪伴孩子，对孩子的成就给予肯定、信任和理解，为小优在备考的关键阶段注入了源源不断的动力。反之，倘若父母和孩子之间在重要时期产生争执，致使孩子情绪出现波动，影响学业成绩，那么孩子极有可能与武汉大学失之交臂。

不仅如此，小优的父亲决定让孩子前往更大的城市获取优质的教育资源，这无疑是小优能够踏入名校的关键因素之一。唯有让孩子置身于更广阔的世界，他们才有机会接触到更为优秀的人物；通过与这些杰出的个体进行交流和互动，孩子才能不断提升自我，走向卓越。正如古人云：'近朱者赤，近墨者黑。'孩子的成长环境对其成长轨迹影响深远。孩子周围多是小混混的孩子，往往也容易沾染上不良习性；而优秀学生周围则汇聚着众多精英学子。所以，我强烈建议家长们多去参观一些名校，亲身感受那里的学习氛围，带着孩子用心观察那些优秀学生的言行举止，以及了解他们学习和生活环境中的先进设施，激发孩子的内在潜能。

回想起小升初的那段时光，我不禁好奇父亲当时为何如此具有前瞻性，并坚定地支持我去长沙求学。

爸爸 那时，我有一位朋友每周末都会神秘"失踪"，后来才得知他送儿子去长沙参加培训。长沙的教育水平高，他计划让孩子在那里就读。这启发了我对省内教育资源不均的思考。虽然把你留在身边便于照料，生活和学习无忧，竞争压力相对较小，但会限制你接触更优质教育的机会。我们深知你是一个积极进取的孩子，所以希望你能在一个更广阔的舞台上自由、独立、全面地成长。于是，我提出了这个建议，但最终的决定权在你手中。你勇敢地做出了选择，并通过不懈努力实现了自我成长。我们的教育理念始终是：尽我们所能为你提供最佳的教育机会，但能否把握这些机会，完全取决于你自己。

小 优 我当时那么小就独自在长沙念书，你们不在我身边，难道不担心我照顾不好自己，或受到外界不良影响吗？初中开学前一天，你们送我到宿舍，帮我整理好物品，陪我在食堂用过晚餐后准备离开。我站在宿舍楼下，看着你们渐行渐远，那一刻我忍不住泪流满面，多么希望能把你们留住。刚开始的一个月，我难以适应新环境，新老师、新同学和寄宿生活都给我带来种种挑战。不仅要应对突然增加的学习压力，还要自己料理洗衣等生活琐事。每天晚上，我都渴望回家。现在回想起来，那时的自己真是无比孤单和无助。

妈　妈　听你这么说，感觉好可怜，你总是喜欢撒娇。我们当然明白你的感受。每次打电话你都会哭诉想念家，抱怨学业压力和对新生活的不适应，这让我们非常心疼。有时我们会想是否不该太早把你送出去，毕竟你还只是一个需要父母呵护的小孩。我们还经常盘算着周末去看你，带上些好吃的来安慰你。没想到一个月后，你就迅速适应了新环境，交到了好朋友，生活也打理得井井有条。第一次月考，你还取得了全班第一的好成绩，记得吗？你兴奋地打电话告诉我们，老师赞扬你学习能力强，这让我们终于放下了心中的大石头。后来，你在学校适应得很好，有时一个星期都不给我们打电话，反而让我们感到有些孤单和挂念。

> **余帅说：**
>
> 小优父亲提出的"决定权交给你自己"这一观点，深深地打动了我。有多少父母能真正效仿小优的父母，给予孩子自主选择的权力呢？正是这种尊重，促使小优在高中时期与父母保持了极佳的亲子关系。虽然最初在长沙的适应期对她来说颇为艰难，但逆境往往能加速人的成长。短短一个月后，小优便融入了新的生活。在我的直播间，每当有家长询问关于如何培养孩子初高中阶段的独立性问题时，我总会反问他们：你们是否真正给予过孩子独立尝试的机会？
>
> 实际上，孩子们的坚韧程度远超我们的预期，过度保护有时反而会成为他们成长的绊脚石。许多孩子在高中阶段，甚至连基本的家务活如洗衣、做饭都不擅长。在我的研学班中，都是来自全国各地的高中生，其中不乏一些连坐高铁、打车等基本出行方式都不懂的学生，他们的父母不得不长途跋涉地将他们送到杭州。而在浙大，由于校园太大，有时需要使用共享单车或电动车，但仍有少数学生连这些基本的交通工具都不会使用，这实在令人惊讶。
>
> 因此，我强烈建议父母，在关注孩子学业成绩的同时，更应重视培养孩子的生存技能，并为他们创造更多的成长空间和尝试机会。

爸　爸　你妈妈当时非常心疼你，每次你打电话哭诉时，她都责怪我太早把你送出去念书。她说你从天真烂漫的小开心果变成了愁眉不展的敏感小女孩。她急得甚至想辞掉工作去长沙陪你。幸好是我拦住了她，并告诉她要相信你。你从小胆子大，适应能力强，只是初来乍到不适应而已。等交到新朋友，学习和生活步入正轨后，你会重新变回那个快乐的小姑娘。果然，不出一个月，你就开始兴奋地分享学校的新生活了。你现在的好朋友们，是不是很多都是那时候认识的？那可是珍贵的友谊啊。我们从不担心你会学坏，因为你内心明亮如镜，懂得分辨是非，知道自己想要什么，想成为什么样的人。所以，你总能做出正确的选择，给我们带来惊喜而非惊吓。在更好的环境中，你身边只会聚集更多优秀的老师和同学。你能向谁学坏呢？正如你自己所说，现在的你很大程度上是被身边的朋友塑造的。他们各有优点，不断影响着你变得更加优秀，这也证明了我们让你去更好平台的决定是多么正确。

小　优　确实，从小学到初中，我能明显感受到身边同学越来越优秀。我从他们身上学到了很多，真的很幸运在人格和价值观形成的关键时期遇到了这么一群老师和同学，结交到了现在还一起成长的好朋友。人生真是充满了奇妙的际遇！

> **余帅说**
>
> 每次我直播时都有家长问,孩子沉迷游戏、手机怎么办?通常我会回答,那他的身边肯定有同样沉迷手机的朋友。大多数提问的家长都会承认这一点。
>
> 我一直认为,人是环境的产物。一个人自律确实很难,但在一个自律的群体中,自律就会变得很容易。比如,把一个成绩不佳的学生放在清华一个月,他很可能就会被同化成一个学习很厉害的人。因此,孩子身边的朋友和同学是什么样基本上决定了他会成为一个怎样的人——是自律还是贪玩。
>
> 所以,从小为孩子营造一个好的社交圈子,结识优秀的同学,交到好朋友,这是家长需要重视的事情。如果他的好朋友是全班第一,那么好朋友的引导就足以让他自律,根本不需要家长过多操心。因此,可以认识成绩好的家长的孩子,或者想办法让你的孩子与成绩好的孩子成为朋友,甚至鼓励你的孩子主动结交这样的学霸。
>
> 就像小优,她所处的环境中都是优秀的孩子,自然而然地,她就会变得自律、努力、上进。

妈　妈　不过说到学坏,我倒更担心你带坏别人。你性子浮躁爱玩,聪明的劲头有时候不用在学习上,而是用在吃喝玩乐上。还记得刚上高中的时候吗?你刚从中考的压力中解放出来，像孙悟空从五指山下放出来一样，在学校里上蹿下跳，到处乱跑。老师反映你性格活泼好玩，下课铃一打就离开座位，上课铃不响绝不回来。我当时真是拿你没办法。不过，我也理解你刚从中考的紧张学习中释放出来的兴奋，所以鼓励你在高一学习不那么紧张的时候放松一下，多参加社团活动，结交更多朋友，多经历一些学习之外的历练，探索自己的兴趣爱好。现在回想起来，你的高中生活并不全是枯燥紧张的学习。

爸　　爸　女儿虽然好玩但有分寸。进入高二后，她的学习状态明显回来了。老师说她每天早自习几乎第一个到教室，晚自习最后一个离开，分完科后学习更加系统，目标明确，成绩也稳居前列。

小　　优　你们和老师的交流竟这么多，我还以为你们不了解我在学校的情况呢。原来你们一直在默默关注着我的一举一动。高二之所以突然认真学习，是因为爸爸在高一时时常提醒我，高一可以稍微放松一下，但高二是关键期，分科后要打好基础，高三才能冲刺。虽然上高中之后我们之间见面和交流的次数变少了，但你们的话我都记在心里！

爸　　爸　小学时每天接送你，你总喜欢趴在车后座中间，冒出一个小脑袋，问我各种各样奇怪的问题。我会跟你探讨天马行空的话题，现在我们还能一家子一起散步，聊聊过去、现在和将来。我们更像是朋友而不是单纯的父母和孩子。所以我们说的话你也愿意听，你说的话我们也认真对待。我小时候，你爷爷非常专制，相信棍棒底下出孝子。当时我考高中，成绩还没出来，他听说我没考上一中，不由分说就把我打了一顿。后面成绩出来，我不仅考上了，还是前几名。那时我就暗下决心，以后绝不能成为这样的家长，我要倾听孩子的想法，尊重他们的意见，和孩子像朋友一样相处。你看，爸爸做到了吗？

> **余帅说：**
> 小优和父母之间的关系如此融洽，离不开对孩子的尊重、倾听和沟通。小优幼时问各种奇怪的问题时，小优父母不像其他家长那样厌烦，或直接塞给她一部手机让她自己玩，而是耐心倾听并讨论孩子感兴趣的话题。这看似平常，但久而久之，小优遇到任何事都会与父母分享，本质上是建立了极高的信任感。所以，名校生背后往往有一个优秀的家庭和教育背景，这种现象是有迹可循的。

小 优 一直以来都是这样，很小的时候你们就会认真听我讲话。每次从幼儿园回来，我都会跟你们说个不停，你们也没嫌我烦，而是耐心地听我描述着幼儿园的事。虽然是很小的时候的事了，但我脑海里一直有这样的画面，真的很幸福。

妈　妈　我还记得你五六岁时，有一次我和你爸拌嘴，你在旁边不停地说话。我们吵急了，没顾上你，你哇哇大哭，说我们不听你说话。我们赶快把你拉到中间问，"崽崽有话说是不是？爸爸妈妈听你说"。这个画面真是既好笑又温馨，你从小就特别有自己的主见，喜欢讲道理。

小　优　那还不是你们教的。我叛逆期时不愿意好好沟通，你们就试图通过讲道理的方法和我沟通。每次我一急，你们就耐下性子跟我说，我们要像朋友一样好好沟通对不对，有什么问题要好好说对不对？每次就像是哄小孩子一样，说得我都不好意思发脾气了。

爸　爸　所以你也一直很乖呀，基本上没有什么叛逆期，这说明我们之间的沟通方式是正确的，很好地避免了青春期的冲突。你也基本上有什么问题都会跟我们说，让我们更加放心。

> **余帅说**
>
> 每当有家长抱怨孩子叛逆时，我都觉得很反感。我会告诉他们，不是孩子叛逆，是家长自己'叛逆'了。比如孩子说先玩一会儿再写作业，这是非常正常的行为，但是家长的标准是先写作业，有时间再玩。如果孩子不按这个标准做，家长会称之为'叛逆'。其实，这是因为小时候家长能控制孩子的很多行为，长大后这些行为不再受控，家长开

始感到恼火，仅此而已。

随着孩子逐渐长大，家长会发现越来越难以控制他们的行为，产生无力感。但孩子是一个独立的个体，任何独立个体都不可能被完全控制，越控制他们反而越反抗。

所以，我常对家长说，如果你觉得孩子'叛逆'了，恭喜你，你的孩子成长了，有了独立思维和自己的想法。如果你孩子初高中还能被你控制，那你应该担心，因为这样的孩子将来进入社会可能会成为容易被欺负的老实人。

没有所谓的'叛逆'的孩子，只有放不了手的家长。要减少所谓的"叛逆"，就要学习小优的父母，给孩子足够的尊重，进行友好的沟通，站在孩子的角度上，放下成人的傲慢、权威和面子，接纳孩子的成长，共情他们与你认知相反的行为。

在教育这条路上，我们都是赶路的人，任重而道远。

"智慧守护式"家庭教育

——

换位思考，将心比心

徐梦瑶家长

孩子姓名： 徐梦瑶

孩子学校： 南京大学

2021 级 社会学专业

家庭教育是一个重要课题，因为它直接关系到每一个孩子的成长和未来。它不仅是塑造品格、铸就价值观的熔炉，也是习惯养成的摇篮，更是心理健康教育、情感培养的关键途径。不久前，我和妈妈进行了一次深入的对话，探讨了她的教育理念。通过提问的方式，我从妈妈的角度去了解她的教育理念，收获颇丰。因此，我整理了这次对话的核心内容和观点，如下所示。

徐梦瑶　小时候，我觉得您在学业上对我的管控过于严格。我记得，我的同学们和邻居家的同龄伙伴都无忧无虑地享受小学生活，而您从我一年级开始就每天检查我的功课，并布置额外的学习任务。您当时是怎么想的呢？您会担心自己太过严格，导致我暗中怨恨你或者产生逆反心理吗？

妈　妈　其实，我对你严格是有原因的。你爸爸和我因为家里经济条件不好，只读到初中就外出打工了。生下你哥哥时，我们还在外地打工，只能把他交给爷爷奶奶照顾。一年后，我发现这种安排对你哥哥的成长很不利。因为你爷爷奶奶也年纪大了，见识有限，只会溺爱你哥哥，对他缺乏必要的引导和批评。这让我意识到，孩子的成长过程需要父母的陪伴和正确的引导，否则孩子会养成不好的习惯。于是，我和你爸爸决定回到家乡，各自找了一份安稳的工作，后来才有了你。在乡下，我发现，很多家长不重视孩子的教育，他们要么认为孩子以后去打工也能凑合生活，要么把孩子托付给老人照顾，忽略了对孩子成长的深远影响。我不希望你们也走上这条路。

我听到这里，泪水已经在眼中开始打转。

妈妈　　多年来，在外打工的经历让我深刻地认识到学历的重要性。我希望我的孩子日后能取得良好的学历，找到体面的工作，过上舒适的生活。莫要像我这样每天劳累十小时，却收入微薄。所以，我下决心让你从小养成良好的学习习惯，为你创造一个有利的学习环境。<u>在乡下，你羡慕每天都能无忧无虑玩耍的小伙伴</u>，但我知道你需要更多的引导和监督。我和你爸爸的文化素养不高，很难让你认识到"腹有诗书气自华"的人有多么令人羡慕。我只能"逼你"去看书，为你打开一扇通往知识的大门。如果我不让你看到乡下生活和打工生活之外的另一种可能性，那才是真的残忍。因此，我不得不扮演那个严厉的角色，帮助你踏进知识的世界。我给你布置的课后学习任务是我当时兼顾工作、家庭和监督你学习的无奈选择。我知道，记背成语、摘抄好词好句、写日记，这些任务难免烦琐和枯燥。当然，我也担心过于严格的管教给你带来负面影响。所以我没有一味地苛责你。当你敷衍了事或者蒙混过关时，我没有责怪你，因为我知道这是我在当时的条件下所能采取的最佳方式。我会耐心听你背诵，时不时给你鼓励；我会虚心求问，引导你探索新知；我也乐意看到你犯错，让我觉得还能在你的学习中发挥作用。每当你在我面前炫耀学到的新成语时，我都感到由衷的高兴。这些点滴的进步让我感到自豪，也坚定了我帮助你养成良好学习习惯的决心。

> **余帅说**
>
> 正如这位家长所言，在乡下，孩子很容易沉迷于玩耍。我自己也有过类似的经历，一回家就看动画、玩耍，把作业抛在脑后。如果小学因为贪玩而没有养成良好的学习习惯，到了初高中就更难培养自律的习惯，除非有一天孩子进入一个更好的学习环境。所以，这位家长的做法非常值得称赞。她和丈夫选择回到老家，每天关注孩子的学业，并在严格要求与灵活管理之间找到了平衡，不仅帮助孩子养成了良好的学习习惯，也激发了孩子的学习兴趣。

看着妈妈手上的老茧和头上的白发，听着她娓娓道来，我不禁湿了眼眶。

徐梦瑶 妈妈，我觉得您特别伟大。小时候我对您的行为确实有很多埋怨和不满，但您宽容和耐心没有让我产生逆反心理。我在重点高中尖子班学习的时候，和室友谈起各自的启蒙经历，当别人都谈到自己有上辅导班经历或者父母都是老师时，我才后知后觉地明白您当初严格背后的良苦用心。您是在用您所能做到的最好的方式托举我的启蒙教育。

妈妈 宝贝，你能理解就好。其实我很庆幸，即使你上了重点高中甚至进入名牌大学，身边那么多优秀的人，不乏家境优渥、人脉广泛、多才多艺的同学，你依旧能保持自信乐观，有自己的思考和立身之道，这令我非常欣慰。我想这大概跟我们从小对你的"富养"有关。在这一点上，你爸爸做得更为出色。小时候，他总是毫不吝啬地给你足够的零花钱，每次给你的钱足够你和朋友逛两次街；为了保护你的视力，花一个月工资给你配 5000 元以上的高质量眼镜；为你所需要的网课资源支付不菲的费用。一开始我也怀疑这些钱是否花得值得，因为明明有更节省的方案。但和你爸爸讨论后，我们发现这样做是值得的。

我忍不住深情抱了抱妈妈。

妈妈 我们小时候条件艰苦，家庭里的孩子多，上学也只是为了识字，没有机会博览群书和开阔眼界。但是现在不同了，我们的物质条件比以前好得多，你也终将长大，走出这片狭小的天地，见到更加广阔的世界。我们努力为你提供更好的物质条件，更像是在投资未来。我们希望尽己所能，为你提供丰富的条件，让你有更多探索世界的机会和选择的可能，从而更有自信和底气去追逐梦想。我们希望这种物质上的富足感不仅能带给你享受，还能作为一种强大的心理支撑，赋予你自信与安全感，让你在面对各种选择与挑战时，依然坚信自己具备追求美好生活的能力。事实证明，这样的做法是有效的，你成了一个有主见、乐观、自信、阳光的孩子，对事情有自己的思考和理解，也愿意在他人面前展示自己。这是我和你爸爸这样做的初衷，也是我们最希望看到的结果。不得不说，你爸爸在这方面比我更有远见。

> **余帅说**
>
> "许多家庭倾向于'穷养'孩子，这种做法在一定程度上增加了孩子的自卑感。对此我也有很深的体会。
>
> 即便有一天，这些孩子因某种机遇突然变得富有，也很难根除骨子里的自卑感。所以，我比较赞同这位家长的做法，即尽量让孩子物质上富足一些。这样不仅能让孩子们更有底气和自信，还能帮助他们在面对未来的挑战时更加从容。"

徐梦瑶 妈妈，其实你也在富养我。你舍不得花很多钱买自己喜欢的衣服，却愿意为我花钱买我喜欢的衣服，即使价格对你来说有点负担。你总是认真对待我的需求，并安慰我"贵有贵的道理"。更重要的是，你在精神上也富养了我。还记得那次家长会吗？老师当着所有家长的面批评我太爱表现、太张扬，我当时非常难受，您却夸了我，让我感到非常意外。

妈妈　你说那次家长会吧，其实我不太认可老师当众批评你的做法。我认为，这种做法容易伤害到你的自尊心，打击你的自信心，让你今后不敢展现自己，这不是我希望看到的结果。即使是心智成熟的成年人，被人当众批评也会觉得难受，更何况是正在成长中的孩子。看到你难过、委屈，我心里也非常难受，因为我知道你只是想在老师面前展示自己，只是方法有些不恰当，并非有意扰乱课堂。如果我不妥善处理这件事情，以后再遇到类似情况，你都会感到不知所措，甚至留下心理阴影。所以，我先安抚你的情绪，让你知道无论如何我都会支持你、关心你、相信你。然后，我们一起分析这件事的经过，看看哪里做得不够好，以后应该如改进，如何更好地表达自己。我不想让你因为这一次的挫折就失去信心和勇气，只希望今后当你遇到类似情况时，不会急于否定自己，而是能够直面问题并学会改正错误，勇敢前进。我很庆幸我的方法是正确的，因为我发现你的心情变得愉悦起来，情绪也没那么低落了，老师也再没有提起过这件事。但我没想到这件事情你还记得这么清楚。

> **余帅说**
>
> 真正的爱孩子，就是关心他的内心成长，守护孩子的自尊。每个人都会犯错，一味地批评并不是最好的解决办法。首先照顾孩子的情绪，再分析事情的来龙去脉，借机提出更好的建议，这样孩子才能从错误中收获成长。我觉得，犯错是为了让孩子更好地成长。

徐梦瑶 妈妈，或许在您和爸爸看来这些都只是日常生活中的小事，但它们给我留下了非常深刻的印象。物质和精神上的富养，也让我变得更加乐观和自信，我真的非常感谢你们。

妈 妈 其实那次家长会后，我的初衷是安抚你的情绪，"知子莫若母"，虽然你什么都没说，但是我感受到了你情绪的低落。我们也知道有时候你可能憋在心里不愿意开口，但是我们不能任由你的坏情绪蔓延而坐视不理。在你很小的时候，我和你爸爸就会注意你的情绪，并引导你说出来。因为你从小就心思细腻、敏感，这点和我很像。我小时候，家里条件艰苦，既要帮家里干农活、做饭，又要上学读书。外婆希望我能懂事些，多为家里考虑。可只要我一犯错，她就不由分说地批评我，甚至还打我。她的做法忽略了我的感受，不尊重我的想法和需求。虽然我不怪她，但这种忽视让我的内心筑起了一层坚硬的外壳，不让她走进来，这让我们都很痛苦。无论大小事，我都憋在心里自行消化，导致我们之间很容易产生矛盾冲突。后来，我嫁给了你爸爸，组建了新的家庭，有了你哥哥和你。你爸爸也是从小在打骂中长大的。我们都不认可这种教育方式。所以，我们会更加留意你们的情绪，尽量保持冷静的沟通，关注你们的需求，并想办法解决遇到的问题。

听妈妈说到这里，我脑海中满是当时自己上学时候的场景，现在回望当时的自己是多么幸福啊！

妈妈 还记得你小时候偷偷拿手机玩游戏被你爸爸发现这件事吗？当时他很想呵斥你，但当他看到你的慌乱时，他最终还是忍住了。后来我们决定下班回家后好好和你谈谈，我们想知道你是否能意识到偷偷玩游戏违背了每天游戏时间30~60分钟的约定，也想知道你为什么这么爱玩电子游戏，并思考如何既不扼杀你的兴趣，又能帮助你更好地认清沉迷游戏的危害。于是，我们心平气和地问你问题，希望你能勇敢地说出自己的真实想法。我们很庆幸沟通是有效的，你也承认了自己的错误并且说明了对游戏感兴趣的原因。这让我们能够正视你的需求并对症下药加以引导。

> **余帅说：**
>
> 家长们会发现，一开始你严厉地批评孩子，可能会有些效果。但随着孩子长大，尤其是孩子上了初中，你会发现批评的效果越来越差，甚至适得其反，孩子变得越来越叛逆，更不愿意理你。因为没有人喜欢被批评，既然事情已经发生了，最好的处理方法就是找出原因，然后找解决方案。比如，这对夫妇分析孩子偷手机玩游戏的原因，然后一起沟通商量解决方案，平和地处理了这场亲子危机。但倘若孩子犯了原则性的错误，危及自身安全或影响社会，则该批评就得批评。

徐梦瑶 这件事让我感受到了你们的关心与尊重。我当时已经做好了准备，如果你们强行制止我玩游戏，我会奋起反抗。现在回想起来，如果你们像外婆那样二话不说就打骂我，我可能早就变成一个叛逆少女了。正是因为你们从小对我的关心与尊重，才让我即使上了高中甚至大学，与你们相隔甚远，在遇到困难时还是会主动和你们倾诉，缓解情绪和压力。

妈　妈 是的，这是我乐意看到的。还记得你高中模拟考没考好，晚自习偷偷溜出教室给我们打电话哭鼻子的情景。听到你大声哭泣，我们心里也很难受，只能尽量开导你。我知道你打电话哭诉其实有一半原因是怕我们知道成绩之后会给你施加压力。我很惭愧我们的期望有时会变成你的负担，但也很庆幸你还能选择和我们倾诉，希望我们能理解你。我当时有点无措，既为自己的失职感到不安，又为没有太过失职而暗自庆幸。在电话里，我没说什么漂亮话，只是尽力安抚你。最后，你也振作了起来，默默坚强面对考试的结果。不过，你没想到的是，第二天我们亲自去学校看你，并给你送去了爱心午餐。我记得你当时在校门口看到我们时悄悄擦泪。我知道，在那种紧张的备考时刻，你承受着很大的心理压力，仅凭几句安慰无法完全缓解你的情绪。我们更愿意用实际行动证明，我们是你最坚强的后盾，支持你坚定地向前。

徐梦瑶　是的，当时我确实很感动。说实话，我以为那晚打完电话事情就结束了。没想到你们第二天中午会来学校看我。我还记得门卫叔叔在你们走后跟我说："你爸爸妈妈真的很爱你，你大概是全天下最幸福的孩子。"那时，我真的觉得自己被爱浇灌着。首先是你们给了我很多的爱，其次是门卫叔叔的话让我意识到，其实我被很多其他人呵护着、照顾着。

> **余帅说：**
>
> 行动是爱最好的证明；而爱是孩子前行最大的力量。我考试考砸时，父母的做法是骂一顿。他们常说自己如何辛苦供我读书，我却不争气。这些话让我更加崩溃，以至于后来我有任何压力都不会跟父母说。那时电话打完后反而让我产生非常大的压力。为了争气，我连续高考三次，但依旧没有进名校。所以，我真的羡慕徐同学有这样明智且懂教育的父母。

妈　妈　看来你和门卫叔叔的关系很不错。

徐梦瑶　对呀，除了门卫叔叔，我和宿管阿姨、食堂的叔叔阿姨关系都很好，和同学们关系也很融洽，我觉得这一切得益于你们对我的品德教育。不过，我觉得您选择的教育方式和学校老师们的方式截然不同，效果也不一样。妈妈，您是怎么想到这样的教育方法的呢？

妈　妈　这一点是从我已有的认知和身边事例的经验总结中得来的。当了母亲后，我了解过许多有关教育的故事，比如曾子杀猪、孟母三迁、岳母刺字等古代事例，给了我很大的启发。无论是曾子、孟母还是岳母，她们在品德教育方面的共同点就是言传身教。于是，我决定将这种方法应用到现实生活中。我发现，在日常生活中有很多鲜活的例子。孩子的模仿能力很强，他们会观察大人的行为表现并进行模仿。

在乡下，经常能看到很多留守儿童由于父母不在身边，言谈举止受到爷爷奶奶和周边朋友的影响。于是，我觉得我们必须以身作则，努力成为你的榜样，让你成为一个善良、懂礼貌、富有同理心、懂得尊重他人的好孩子。我们常常有意识地在你面前展现人性美好的一面，比如，我带你坐公交车时给有需要的人让座，逛街时一起给乞讨的老人捐钱。这些经历像一颗颗种子，深深地种在你的心里，并在未来的某一天开花结果。每次看到你在帮助他人后露出的纯真笑容，我都能感受到这些行为对你产生的正面影响。

听妈妈说到这里，我才意识到，妈妈对我的用心，远比我感受到的要多得多，泪水忍不住流了下来。

妈　妈　我们用言传身教的方式教育你，不仅仅希望你成为一个乐于助人的人，也希望你能在这个过程中感受到帮助他人的乐趣，支撑你在坚持行善的路上走得更远。此外，我们希望你能够学会独立思考，理解尊重他人的重要性。每个人都有自己的故事和难处。当你学会倾听、理解和用宽容的心态接纳不同的人和事，无论是学习还是生活，你都能学会与人和睦相处，建立良好的关系，这无疑是让你终身受益的宝藏。

> **余帅说**
>
> 从徐同学妈妈的做法可以看出她的智慧。她平时一定在抽空看书提升自己，真正做到了'活到老，学到老'。这也是我一直强调的重点：父母自身也需要不断学习和提升。因为你看书的习惯和专注的学习态度，一定会对孩子产生积极的影响。你在积累知识的同时，也在缩小你和孩子之间的代沟。如果你下班回家只看电视或打游戏，那么在孩子眼里你就是一个不爱学习的人，很难说服孩子自律。所以，想要孩子成为怎样的人，很简单——父母首先自己要成为怎样的人。

徐梦瑶 是的。这对我的影响可以说是终身的。你们在我小时候种下的善良与真诚的种子早已生根发芽，开花结果，吸引了许多身边的人。很多同学包括老师都夸赞我热情真诚，常常能给别人带来温暖。上大学后，尽管班级同学不像高中那样天天待在同一屋檐下，但我依旧凭借自己的热情和真诚交到了很多朋友。此外，我还积极竞选学生干部，为班级的建设乃至学院的建设贡献自己的力量。在这个过程中，我也收获了很多珍贵的友谊。

妈　妈 我很高兴看到我的女儿能在一所人才济济的高校里找到自己的舞台并尽情绽放自己。希望你一直坚定自信地快乐成长，我们永远是你坚强的后盾。

这次我和妈妈关于家庭教育的谈话已经告一段落。通过这次对话，我得以仔细回顾我的家庭教育经历，从一个过来人的视角看到了其中蕴含的许多道理。我也更加全面感受到家庭对我的塑造与支持，这让我对未来充满信心和底气。

"以身作则式"家庭教育

和孩子一起做
就是最好的家教

关思繁家长
孩子姓名：关思繁
孩子学校：四川大学
2021级 新闻与传播专业

我的父母文化程度不高，他们每天努力工作只为维持生计。尽管如此，他们还是坚持把我们姐弟三人送入了重点大学。

在我考上大学后的一次闲聊中，父母无意中提及了他们的教育理念和方式。听完他们的讲述，我深受触动，思绪万千，忍不住想和大家分享这段经历，希望能给大家带来启发。

01 克服一切困难让孩子上学

当我问父母的教育理念时，母亲短暂沉默后，口中喃喃地重复着"教育理念"这几个字，就像小时候被父母提问的我。于是我进一步解释道："您是怎么教育我们仨的？您对我们教育一直秉持的想法是什么？"母亲听后眉头舒展，笑着说："我对你们的教育就是一定要好好上学，克服一切困难让你们上学"。母亲的话让我脑海中浮现出很多画面。对很多孩子来说，上学是一件再正常不过的事，可对于出身农村且家里孩子又多的家庭来说，供养三个孩子上学确实需要克服重重困难。

从我记事起，我们姐弟三人就跟随父母在外务工，辗转于不同的城市，一家人挤在狭小的出租房里，过着拮据的生活。在老家，外出打工的父母为了节省在城市里的开支，往往会把孩子留在老家由爷爷奶奶照顾，孩子就成了"留守儿童"。但是我的父母坚持把我们带在身边。我曾问过他们为什么这么做，母亲坚定地回答："不能把你们留在家里，你看村里很多孩子没人管，都不好好上学，有很多孩子都辍学了。不上学怎么能有出息？我得亲自带着你们一起到城里去。"我说："那你们不觉得这样做很辛苦吗？"母亲说："当然辛苦，但再辛苦也得做啊。你小时候天天吃冬瓜粉条，导致你现在看到冬瓜粉条就烦。还有一次，我们租的小院地势低，下雨时雨水流到屋内，锅碗瓢盆都漂起来了，你们还在屋里面玩水。"我也附和道："确实，咱们家老被淹，我们仨就拿着盆往外泼水，玩得可开心了"。这些听起来有些悲惨的经历，在我与母亲的对谈中变成了有趣的故事。细想之下，这也培养了我在面对困难时的乐观精神。父母总能在困境中积极地应对，并以"戏说"的态度淡化其中的苦涩。这种笑对苦难、坚毅的精神不仅帮助我们成长，还让我们不至于陷入绝望，成为我受益终生的力量。

余帅说

有一次，在一家店吃烧烤，我遇到几个年纪很轻的服务员，便好奇地问他们为什么出来打工。其中一个孩子告诉我，他14岁就辍学了，然后独自来北京。我很惊讶地追问：'你为什么不上学了呢？'他说自己学习不好，觉得上学没有意思，就不想上了。他们村有很多人辍学，早早外出打工。这一瞬间我就明白了，氛围、圈子对孩子的影响到底有多大。了解其他几个孩子的情况后我发现，他们都是初中没念完，每天干着又脏又累的工作。而他们的父母大多在外地打工，无法陪伴和教育他们，时间久了，孩子们也觉得读书没意义，便效仿父母外出打工。

留守儿童是最容易辍学的一群孩子，因为缺乏足够的关爱和监管，学习不好，在学校也不受重视，所以他们往往早早地步入社会，只能做一些没有含金量的工作。虽然父母为了整个家庭挣钱很重要，但是对孩子的陪伴更重要。

02 用心摸索教育方法

说回教育理念的话题，我又问妈妈："我觉得小时候有一段时间你的教育方式不太对。比如我上小学的时候，我的成绩没有弟弟好，你总是给他买吃的而不给我买。那种心里难受的感觉我现在还记得。"妈妈略带愧疚地回应："我以为是对的，当时我是故意的，因为你的学习成绩不好，我想通过这种方式激励你。"像很多父母一样，我的父母他们在我小的时候也简单粗暴地使用了物质激励法和对比激励法。不得不承认，这些方法短期内确实有效。为了获得父母更多关注、奖励和爱，我就开始和弟弟比起学习，到小学三年级时，我的成绩已经远远超过弟弟。

母亲继续说："那时候我年轻，没怎么上过学，不懂怎么教育你们，就学别人的做法。一开始确实有效，但是后来孩子们变得过于依赖奖励——考好了要奖励，做家务也要奖励，没有奖励你们就不愿意做。我后来越想越不对劲，不能总是推着你们走，得让你们自愿走。后来，我不再提奖励的事，也不再强调对比，而是让你们明白学习是为了自己，只有好好上学才能有更好的人生，书上看到的地方才能去。后来你们也就渐渐地不要奖励了。"对于"为自己而学"这句话，我印象深刻，小时候妈妈总是不断重复："上学是为了自己，我们能做的就是永远陪着你，支持你。"

> **余帅说：**
>
> 思繁提到，像很多父母一样，他的父母也曾简单粗暴地使用了物质激励法和对比激励法。但是当他们意识到这种方法对孩子产生了负面影响时，能够及时地调整，并给予孩子正确的引导，让孩子明白学习是自己的事情。这样一来，孩子通过自己的努力取得好成绩后，会获得成就感，这些成就感最后取代了外部奖励，成为真正的内驱力，驱动着孩子自律，努力和进取。

对比式教育是很多父母容易陷入的一个误区，愧疚式教育则是另一个常见的陷阱。小时候，由于家里贫困，父母在20多岁时就承受着生活的重压，偶尔向我们抱怨生活的不易以及抚养我们的艰辛。但是，我的父母从没说过"你不好好学习，就对不起我们"这类话。对此，我问母亲："当时你们那么辛苦，你们为什么没像其他父母说同样的话？"母亲听后摇摇头说："不能这么说，学习是为了自己。用这种方式吓唬你们不仅会增加压力，还会让你们误以为学习是为了父母。你们的人生还得靠自己走，只要健康快乐就是对得起我们了。"听到母亲这么说，我心里涌起一股暖流。

聊到这里，我忽然意识到父母对我们的"教育理念"是：秉持着尊重和爱，不断尝试并根据我们的反应和效果调整方法，寻找最适合我们的教育方式。

03 自己不懂教育就少说多学多做，用自己的行动说话

由于我的父母文化水平有限，他们在语言沟通上显得有些笨拙。所以，在日常沟通中，他们不会用很多大道理来教育我们，因为他们知道讲道理可能讲不过我们，而且容易被我们的

狡辩蒙混过关。于是，我问妈妈："我记得你和爸爸很少和我们讲大道理，这是为什么？"妈妈说："小学的时候我还能勉强教你们，但后来你们的知识和见识都超过了我，有时候想给你们讲道理，发现你们说得头头是道，有些东西我既听不懂，也不明白，所以没法接话。"听到这里，我笑着回答说："确实，我们抬杠的水平随着成长越来越高了。"

虽然父母说得少，但是他们总能用行动来和我们沟通，让我们明白很多道理。我上小学的一二年级时，语文成绩很不好，也不喜欢写字，名字写得歪歪扭扭。母亲就教育我说："字都写不好怎么行？写字是基础，基础不牢走不远。"随即我反驳说："你也没几个字写得好，咱俩差不多。"母亲当时的表情有些生气又无奈。之后，母亲工作之余便和我一起认字、练字，进步比我还快。她用行动让我感到震撼，内心十分愧疚，从此开始默默努力。

有一次聊天时，我把这件事告诉了母亲，她提到了另一件我不知道的事情。她说："小时候我去学校开家长会，每个家长都要签到并在名字后写一句鼓励孩子的话，我那时识字不多，看到别的家长都会，便下决心要继续学习，下次再来开家长会时我也要能写。"听完母亲的诉说，我内心酸涩，不禁想象她在那一刻的尴尬和无助，让我更深刻地认识到她的毅力和执行力。在我的印象中，只要是母亲下定决心做的事，她总是能兑现并尽力做好。

我上初中时，初一暑假在家写暑假作业总是坐不住，写一会儿就想出去玩，导致初二开学前两天补作业熬到凌晨。母亲发现后对我说："等下个暑假，你每天写作业的时候，我就拆补被子，看我们能不能都按时完成。"到了初二暑假，父母和我商量："今天我们把暑假计划定一下，你定你学习的计划，我定我的家务计划，咱们比比。"我看着母亲愣了一会儿，想起了去年暑假的约定。于是，初二暑假期间，我们都有条不紊地按计划执行，都按时完成了任务。现在回想起来，觉得母亲对我的教育真是用心良苦。

高中时，有一段时间我因为压力大，禁不住美食的诱惑而暴饮暴食，一个月内体重增加了十斤。母亲了解我的烦恼后决定和我一起减肥。她拿出结婚照让我看她年轻时的样子，她说："你看我现在比以前胖多了，年轻时瘦，还好看些。太胖了不好，要不我和你一起减肥吧。"我们商定后，开始注意饮食，并有空就出去遛弯、锻炼身体，坚持几个月后，我们俩都减掉了十斤左右。

回顾父母对我的教育，母亲说教很少，行动却很多。她从不是居高临下地说"你应该怎么怎么样""你必须怎么怎么样"，而是说"看，我们可以一起做到"。我不禁拉起妈妈的手说："妈，我觉得您真的是位很好的母亲和老师，从来不指责，面对困难总是跟我一起克服，给我树立榜样。正是在您的带领下，我体验到了克服困难后的成就感，获得了面对挑战的自信和勇气。"母亲听后脸上露出了笑容，她说："教育孩子，自己都做不到的事儿怎么能要求孩子做到呢？和孩子一起做，正好父母也好能借机体验孩子的辛苦。"

很多时候，家长们太注重和孩子讲道理，却忘记了以身作则。行动才是最有力的语言，感同身受地给孩子做示范是一种高效的沟通方式。

> **余帅说：**
>
> 言传身教很重要。现在很多父母为了简单省事，只言传而不身教。比如，有些父母让孩子不要打游戏，不要玩手机，结果父亲却在房间里打游戏到半夜，妈妈则躺在沙发上刷短视频。这种情况下，孩子自然会有理由反驳："你自己都玩手机、打游戏，为什么我不可以？"一个不服气的孩子怎么可能听父母的话呢？我见过不少学习优秀学生的父母，他们真的做到了以身作则。孩子回家写作业时，他们就在一边安静地看书，从小就给孩子树立正确的榜样，孩子长大后自然也喜爱阅读。例如，关同学因为不正确的饮食习惯变胖了，母亲没有唠叨、批评或讲大道理，而是和她一起减肥，用实际行动教育孩子。如果你不想孩子今后沉迷电子游戏，自己应先放下手机；如果你想让孩子多运动，自己就先带头运动；如果你想让孩子爱上阅读，就和孩子一起去图书馆看书。"事实胜于雄辩"会避免很多没有必要的误解和争端。

我问母亲："在我们的成长过程中，您有什么忧虑和想法？"母亲想了想说："太多了！怕没钱不能给你们好的生活，没办法送你们上好学校，怕你们像我们一样吃没有学问的苦，怕自己教得不好，让你们走上歪路……哎呀，实在是太多了。我想，只要是做父母的，都会有这些忧虑。"都说寒门难出贵子，寒门父母从起跑线就开始担心孩子的未来，担心家庭不能给孩子提供足够的支持。我的父母对此也充满着焦虑。母亲又接着回忆她上学时的经历："我小时候非常喜欢上学，我的本子擦了又用，用了又擦，还总偷你舅的笔来写字，每次考试成绩都在前两名。后来家里实在没钱，就不让我上学了，我哭了好几天。如果当时我能继续上学，我相信现在的生活会更好，不会吃这么多没文化的苦。所以我下定决心，再苦再难一定要供你们上学，不让你们像我们这么辛苦。"由于贫穷，母亲没能继续上学，这成了她心中的遗憾。所以，她绝不让自己的遗憾在我们身上重演。他们非常努力地工作，把我们的教育放到首位，再苦再累也不能耽误我们的学习。

虽然我们家当时条件不好，但父母在我教育方面的花费总是最大方的。他们常说："该花的钱一定不能省，不该花的钱一分也不能浪费。"我上小学的时候，数学成绩不好，母亲就四处打听哪个补习班好，想办法也要给我报。英语不好，也赶紧给我找英语补习班让我去学。母亲说："我没有文化，没机会上学，但我一定要让我的孩子上好学，花这种钱值得。"

父母也非常关注我的兴趣爱好的发展。从小到大，我一直喜欢画画，父母看我的坚持，在高中时节衣缩食给我报了一个绘画班。很多人劝母亲："孩子能好好完成学业就可行了，不用学这么多，家里又不是很富有，学绘画既耽误时间又要花钱。"我母亲总是反驳："孩子喜欢就让她学吧，总有用得上的时候。"

父母虽然文化水平有限,但他们对我们的教育有着超越一般人的执着和用心。只要是我们学习需要的,父母会忘记自己挣钱的辛苦,大力支持。正是父母这样的坚持和信念,让我这个出身"寒门"的孩子也享受到与城里孩子同样的教育资源。

母亲说:"小学时你们写作文,总写父母带你们出去旅游,但实际上我们从来没有带你们去过;初中时,家里经济困难,你在学校每顿饭经常就只吃一个馒头夹菜。有一次还跟我说馒头掉地上了,中午只能饿肚子,真是心疼死我了。你去同学家玩回来告诉我,他们家的房子宽敞明亮,而咱们家又小又挤,我常常为此自责。"我听完妈妈的话,眼泪忍不住在眼眶里打转。我们都无法选择父母,父母也无法选择他们的父母。在有限的条件下,我的父母已经竭尽全力为我们做到了最好。他们以一种燃烧自己的方式为孩子付出,却认为自己做得还不够。我现在终于体会到"可怜天下父母心",他们给予的一切我会永远铭记,并不断向上走,绝不辜负父母的付出和期望。

余帅说

"读到这里,我被关同学家长的教育深深感动了,真是'可怜天下父母心'。对于农村家庭来说,靠种地的父母想供孩子上学确实需要克服很多困难。就拿我自己来说,为了能考上更好的学校,我参加了三次高考。第二次高考我的成绩没有多少起色,但我坚持复读,准备第三次参加高考,复读一年的开销不少,父母起初并不同意,我在他们床前跪了一晚上,他们才勉强同意。我的复读费用是父母到处借钱凑齐的。

2019 年，我开始走访全国各个名校，深刻体会到了名校的优越性。网上常有人说读书无用，大批大学生找不到工作。然而，我认识的名校生找工作其实并不难，他们毕业后往往被大企业争抢，年薪从几十万到几百万不等。我有一个小学同学从南京大学毕业，在上海做软件类工作，年薪百万。我自己是师范毕业，不是名校，不少同班同学去了浙江当老师，年薪大约十万元。而那些初高中就辍学的同学，大多在工厂里上班，年薪只有四五万元，还特别辛苦。所以，在孩子教育上的投资真的非常重要。当孩子找不到学习的目的和意义时，带他们去看看名校，提前感受未来的可能性，是非常有效的方法。

04 温暖的家是一生的行囊

上大学后，我遇到很多因原生家庭而困扰的同学，他们为此内耗严重。有的人因为父母控制欲太强而对父母充满抗拒；有的人因为父母的打压式教育变得不自信，害怕犯错，也害怕与人相处；还有的人因为父母的不闻不问而变得自由散漫，不信任他人。随着年龄增长，见得多了，我发现父母对孩子的教育成功与否，不在于孩子考上了多好的大学或找到了多好的工作等，而在于孩子能否拥有一个健全的人格，能否快乐积极地投入自己的人生。

从小到大，我没有感觉父母在教育上的不足。我虽然是女孩子，父母也从来没有过重男轻女的思想。我想做的事，他们总是全力支持。他们从不在外人面前批评我，总是把我当成他们的骄傲，尊重我的意愿，甚至让我自己决定高考报什么专业。在我失败沮丧时，他们给予我鼓励和支持，并认为即使失败了，我也是最棒的。父母常对我说："我闺女就是最棒的，最厉害的，最漂亮的。没什么过不去的，不还有家吗？"他们在教育中给了我足够的爱和安全感。

感悟到这些后，我对母亲说："妈妈，我觉得能做您的女儿我很幸福，也很幸运的。我的事情你们总是把决定权交给我，无条件地支持我，每当我受伤回家总能得到安慰、陪伴和鼓励，这让我一次次获得再出发的勇气。"母亲听完我的话，欣慰而感动地说："家就在这儿，想什么时候回来就什么时候回来，在外面别委屈自己，父母不求你们大富大贵，健康平安就好。"

这次与父母的对谈，让我更确认自己是被爱包围的，也对未来有了更多美好的憧憬。我的教育历程也是很多普通家庭的缩影。我相信社会上还有很多像我这样的家庭情况。如果大家能通过读我的教育故事获得一些有价值的参考，我会感到非常高兴和幸福。

> **余帅说：**
>
> 尊重孩子、支持孩子、信任孩子，是所有家长必须学会的。亲子关系不好，往往是因为父母不知道正确地与孩子相处，常常按照自己的意愿强加给孩子。孩子作为独立的个体，会觉得自己没有得到重视，无法表达和实现自己的想法，从而表现出顶撞父母和叛逆的行为，内心会越来越郁闷，时间久了甚至可能抑郁。
>
> 父母最大的问题总觉得自己是对的，认为无论做什么都是为了孩子好，希望孩子理解和体谅自己，殊不知这正是对孩子最大的伤害。家庭教育不是管控而是引导，要引导孩子独立自主、自信自立、积极乐观等。
>
> 作为家长，请你一定多欣赏你的孩子。如果把星星比喻成孩子的缺点，把太阳比喻成孩子的优点。那么我送给所有家长一句话：当太阳出来的时候，所有的星星全部消失了，请多关注孩子身上的太阳。

"兴趣引导式"家庭教育

——

全力支持孩子的正向追求

柳振宇家长

孩子姓名：柳振宇

孩子学校：清华大学

2015 级 生物科学专业

柳振宇 在教育我的过程中您和母亲秉持着什么样的教育理念?

父　亲 我们的教育理念就是让你自由发展。多引导，少掺和，让你有独立意识。我们不赞同你姥姥和外公对你早期教育过度干预的做法。这种做法导致你在小学时甚至缺乏基本的生活自理能力，比如独自购买日常用品。这样的环境不利于你的个人成长和发展。

> **余帅说：**
>
> 我非常认同柳振宇爸爸说的让孩子自由发展的教育理念。我接触过太多在父母庇护下长大的学生。从小在父母的过度保护下成长，孩子做什么都被限制，父母生怕孩子受到任何伤害。这会导致孩子长大后生活自理能力和独立性较差。这种娇生惯养的结果是，当孩子进入大学这样高度自由的环境时，难以自我管理，缺乏毅力和耐力，更谈不上自律。因为自律的核心在于忍受孤独、吃苦耐劳。

父　亲 我带你的时候从不过度看管，总是让你自己安排时间。在外面，除非是人特别多的场合，否则我不会牵着你或者与你并排走，而是让你走在前面，我在后面保持一定距离，以便在有意外发生时及时能拉住你。然而，在你的教育方面，我感到遗憾的是没能花太多时间陪伴你。你从小在姥姥家长大，所以在大学之前，你的自理能力相对薄弱。这也是因为我为生活所迫，在日常生活中无法抽出足够的时间直接照顾你。如果条件允许，我相信你的自理能力会比现在更强。

你看电视、玩玩具或玩电脑，只要你不接触不良内容，不沉迷其中，题材上我从不限制。你上幼儿园的时候，学校要求每个孩子学一种乐器，家里为你报了电子琴课并买了琴回来，结果你学了几天就不想学了。对此，我和你妈妈也没有责备你。虽然说那时家境并不富裕，这笔开销不小，但我们认为你的兴趣和天赋由你自己决定。既然你不喜欢，我们也不会强迫着你继续学。无论是学习还是课外兴趣，我们始终尊重你的意愿。关于游戏，我也从不限制你打游戏的时间，但绝不会让你无节制地玩。从小学一年级开始，我就告诉你，只要你用心完成该记该背的内容和作业，剩余的时间都由你自己支配，你想玩、想休息都可以。我不要求你在课外额外下功夫，但必须先完成该做的事情，这也是为了让你明白学习是自己的责任，学习对你来说是第一位的。

事实证明这种方法确实有效，从小到大你完成作业的速度很快，质量也很好，几乎没让我们操过心。唯一一次例外是二年级暑假，你因为太贪玩没有按时完成作业，我狠狠地批评了你，并监督你写到深夜。

这里有一个很重要的点，爸爸那晚没有让我独自补作业，而是一直陪我到深夜。当时他虽然严厉，但他的陪伴让我知道爸爸对我也有关心，所以我心里并没有多想。

父　亲　第二天，即使你的作业没有写完，我还是让你交给了老师，让你自己承担后果。我知道，那一晚你不可能完成所有作业，但我坚持让你写到深夜，而不是帮你找借口拖延或向老师求情，因为这样你才能真正吸取教训。从那以后，你再也没有让我们为作业操过心。

余帅说

"

柳爸爸的教育方式非常好：在完成作业后允许孩子自由玩耍。我经常去清华大学，并发现一个显著的特点是清华的学生们学习的时候非常认真，玩的时候也非常投入，实现了学习和娱乐的平衡，这对孩子的心理健康和心态有积极的影响。

但有，不少家长在孩子写完作业后，仍会强迫他们再做一些课外阅读或额外作业，不允许孩子有片刻放松的时间。小学阶段孩子无法反抗，但到了初中以后，他们会通过行为来对抗这种压力。所以，建议父母遵循劳逸结合的原则，让孩子在充分休息后更专心地投入学习。当然，如果孩子玩过了头，导致作业未完成，可以借鉴柳爸爸的做法，让孩子承担相应的后果。

父亲 在兴趣方面，我一直尊重你的选择。有些家长的做法让我感到困惑，他们似乎把教育孩子当作投资：花钱之后，就要求孩子立即给出回报，或非得看到回报才肯投入。要么就是花了钱就觉得孩子欠了他们，逼迫孩子出成绩。世上哪有这么便宜的事？哪有你花钱就一定能得到回报的道理？尤其是在孩子的兴趣爱好上，如果不投入时间和资源，你怎么判断孩子是否有真正的天赋，还只是三分钟热度？话又说回来，即使是三分钟热度又如何？让孩子探索自己的兴趣，大多数情况下并不会花费太多金钱和时间。即使最终没有学成，这段经历本身也是一种收获。

余帅说 不得不说，我接触过很多名校生，他们的父母有一个共同的特点，那就是尊重和支持孩子的选择，而且不考虑这个选择会带来多少收益。正因为不计较这些，他们不会对孩子抱有过高期望，也不会因为孩子改变主意或者中途

> 放弃而感到失望。这种态度避免了给孩子带来无形的心理负担。

父　亲　　我一直坚信"开卷有益",这也算是一种特殊的"开卷"吧!我印象深刻的有两件事。第一件是你有一天回家后,在楼下一个人拿着痒痒挠和一个烂网球对着墙玩棒球。第二天,我就跑了好几家体育商店给你买了根新的棒球棒。虽然你只打了两天就不碰了,但是我认为这种尝试是值得的。

柳振宇　　其实我当时是看了太多《哆啦A梦》,里面常常出现棒球的场景,我的兴趣并不强,只是爸爸看到后还是决定推了我一把。即使最后没有坚持下来,他也没有责备我。

父　亲　　另一个事是关于生物竞赛的事。当时你刚上高一,突然说要参加生物竞赛,并打算买十几本大学教材自学。你妈妈对此不太认可,毕竟高中学业压力大,而且你当时也没有展现出特别突出的学习能力或天赋。你小时候只是喜欢看一些医学手册或者动植物的书而已,初中生物的课内与竞赛成绩虽然不差但也没有特别突出。我知道这有可能对你的学业产生影响,但我觉得以你的水平,至少考上一所不错的本科院校不成问题。我和你妈妈都没上过大学,自然没有什么苛求。既然你想做,我们就全力支持你,不让你将来因为当初我们舍不得花钱而留下遗憾。

更何况这钱花在学习上，虽然在你看起来培训费用似乎是很高，但以家里的实力完全承担得起，而且这种学习比起像学钢琴等昂贵的兴趣爱好便宜得多。后来你的竞赛成绩越来越好，我们更加坚定地支持你，不管是外出培训还是购买更多教材都不在话下。最后你终于成功了，既对得起你自己，也对得起家里的付出。至于大学之后的选择，我们没接触过相关领域，就由你自己决定。

余帅说

"正因为家长对孩子兴趣爱好的尊重和支持，柳同学无意间爱上了生物竞赛，并充分发挥了自己的天赋，最终通过生物竞赛逆袭考入清华大学。

如果柳同学的父母不懂得尊重孩子、细心观察，可能会错过发现他对棒球的兴趣，也不会在孩子参加生物竞赛时给予支持。这样一来，柳同学很可能错失在生物方面上的天赋，最终与清华失之交臂。"

母 亲　你要问我有什么教育理念……其实我之前没认真想过这个问题，但如果非要总结的话，那就是因材施教和取长补短。在因材施教方面，我的观点是不过分要求孩子。毕竟我们没有那么敏锐的眼光，一下子就能看出你是哪块材料，所以我们主要看你对什么感兴趣、学得进去什么，就支持你。我看不惯有些家长拼命逼迫孩子，让他们从小参加各种课外班，看着都心疼。我和你爸不一样，我们没有什么太高的期待。毕竟我们也是普通人。你能比我们强一些就很好，如果不行也没办法。其实我对你的学习期待就是能考上一本院校，而你的成绩早已远远超过这个标准。所以你当时备考高考和竞赛的时候，我觉得你实在太辛苦了。如果你考不上清华，去武汉大学也是很好的选择。但我不会在你拼尽全力冲刺的时候说这种话伤士气，只会在结果真的不理想的时候再来宽解你，希望你别留下遗憾就好。

柳振宇 当时我参加完竞赛后，获得了清华大学降60分录取以及武汉大学降至一本线下10分录取的条件。

> **余帅说**
>
> 许多父母常常将自己未能实现的梦想与目标寄托在孩子身上，期望他们能够代为达成。如此一来，对孩子的要求必然高。一旦孩子在学习上稍有失误，父母就会焦虑并对孩子加以批评。孩子上学本就十分辛苦，压力巨大，回家后还要"加班"写作业，时不时还要遭受责骂与唠叨。设身处地地想想，孩子哪里受得了呢？所以，孩子会反抗、逃避，甚至沉迷于手机，因为手机成了他们唯一发泄情绪的工具。
>
> 像柳妈妈这样在教育上的松弛状态，我认为非常

> 值得借鉴。认清自己，其实也是放过孩子。只要父母自身能够保持放松，不将焦虑传递给孩子，不整日唠叨和责骂，孩子就不必与父母针锋相对，也不会陷入内耗之中。这种情况下，孩子会有更多的时间、精力和能量去应对学习。

母 亲 虽然你和你爸都一心朝着清华努力，那种状态下我也不敢随便说什么，好在最后你考上了。虽然我从未指望你在学业上有多么突出的成就，但有几样东西我一直要求你去学。一是英语。我小时候先学英语后来转学俄语，结果两边都没学好。我和你爸在学习方面都不太擅长，连教都教不了你，所以必须给你报英语班。二是体育。你从小身体弱，每年都要生病几次。我不指望你在体育方面有多大成就，只是希望你能有个好身体，并且能和同龄人有共同话题。虽然我体育不太好，但打乒乓球打得还不错，从中受益不少。生完你后，我身体也不好，靠游泳恢复了健康。所以，我先后给你报了游泳、乒乓球和跆拳道。虽然每个项目你学习的时间都没有超过两年，但你也掌握了一些基本知识，即使有些忘了也没关系，至少身体整体状态越来越好。后来你爸带你看足球，我不知道你踢得怎么样，但看你那么热爱，能和别人有共同语言，我也很开心。无论是体育还是英语，我们都教不了你，所以只能通过外部资源来补充。哪怕你不太愿意，我也坚持让你去学。除了这两样，其他的我就不强求了。虽然你也学过画画和电子琴，但后来你不感兴趣，我们也就没让你继续学了。小时候你爸说你对色彩的感觉比你学艺术的表哥还好，你爸自己也喜欢画画，但既然你不喜欢，我们就不会勉强你。

柳振宇　在我的成长过程中，你有哪些比较好的沟通技巧吗？

父　亲　平时我工作比较忙，和你交流的机会不多，这一点你是知道的。不过，在合适的时机，我会引导你，尤其是在兴趣方面。家里以前买过电视游戏机，那时你对三国题材的游戏很感兴趣。所以在你4岁的时候，我给你买了彩图版《三国演义》，还经常给你讲三国的故事。到最后，三国里的人物名你记得比我还清楚。后来家里买了电脑，最初的游戏里有一个关于二战的游戏你很喜欢。于是我借机带你了解二战史和世界史，平时看新闻的时候，有机会我也会给你讲，不管是经济、军事还是政治方面，你都挺感兴趣。

　　其实有些话题我并不是那么感兴趣，只是我爸在没兴致的时候几乎不爱说话，一旦有了兴致了又会滔滔不绝。我身为儿子，自然希望在父亲有兴致的时候好好陪他，而且我也确实从中有所收获。

> **余帅说：**
>
> 不得不承认，名校生的背后往往有着出色的父母。柳爸爸的教育方式着实精妙。当其他家长看到孩子玩电视游戏机或电脑游戏时，脑海中只会浮现没收游戏机、关掉游戏或者打一顿这样的念头。然而柳爸爸与众不同，他细心地观察孩子的兴趣，并借机给孩子讲述一些历史故事。这不仅增进了亲子关系，还成功培养起孩子对历史的兴趣。与此同时，在孩子聆听的过程中，原本专注于游戏的注意力会转移到父亲讲的故事上。

父　亲　咱们家一直比较和睦，我也不怎么批评你。但从你小时候起，如果贪玩不写作业或者在外面公开场合胡闹，我是绝不姑息的。你妈妈或外公可能会认为这只是小孩子的调皮，不会多管，但那样你永远都学不会规矩，不知道什么该做什么不该做。平时我虽然不大顾得上管你，但只要你需要帮助和建议，我都会认真倾听。就像之前所说的，如果你有想做的事情，只要是走正道，我会尽力支持你，这样我们彼此都不会留下遗憾。

系统化家庭教育心法

> **余帅说：**
> 柳爸爸并没有采用那种权威式、打压式的教育方式，平常也较为宽松，但在原则性问题上从不姑息。什么事该做，什么事不该做，都明确地定好了规矩。这一点在孩子小的时候尤其重要，因为没有规矩不成方圆。如果从小没有给孩子树立这种观念，长大后他们容易出现没日没夜玩手机等不良行为。倘若父母到时才后悔小的时候没好好管教，就真的比较麻烦了。

母　亲　我倒没觉得我和你交流有什么特别的技巧。从小到大，我们交流都很顺畅，有什么就说什么。我也从不随便骂你，你想说什么我会认真倾听，不会敷衍你。你爸只有对他感兴趣的事情才会说话，如果他没兴趣或者情绪一般的时候，就会沉默寡言。这么多年了，我也挺讨厌他这一点，但我不跟他计较。但是你跟我说什么，我至少不会因为自己的情绪不好或者不感兴趣就不理你，甚至呛你两句。你小时候喜欢看的动画片和连续剧，你喜欢拉着我一起看，我总是陪着你看，而且有不少我也确实爱看，比如《龙门镖局》《暗黑者》等。你每次分享各种视频给我，我都会陪你认真看完，即使我不喜欢，最多也就是不陪你看同类的内容，但不会对你的兴趣指手画脚。可能正因为这样，你从小什么都乐意告诉我，愿意和我交流。你这孩子本身也靠谱，不会干什么让我过度生气的事。当然，真要是干不像话的

217

事情，我绝不会偏袒你，该严厉的时候我会严肃对待，否则你可能会走歪路。

柳振宇 我家从小不采用体罚的方式。但是在我小学的时候，如果偷玩电脑游戏、不写作业或乱花零花钱时被发现，问题刚出现就会被严肃教育，以防止再犯。因此，这些问题后来再也没有发生过。父母在我心中的威严一直都很高，这种威严不是通过实施"强权"，而是通过"以理服人"。

柳振宇 在我成长过程中，作为家长的你们有过什么忧虑与想法吗？面对这些忧虑你们又是怎么处理的？

父　亲 忧虑肯定是有过的，不过不算特别严重。第一次忧虑应该是在你初中的时候，发现你有早恋倾向。当时有个女生经常在你的QQ空间留言，你也挺乐意和她聊天。我自然会关注一下。看了那个女生的QQ空间主页，感觉她是个正经孩子。那段时间，我观察你也没有什么异常举动，不管是花销还是休息日的活动都没有变化，所以就没插手。响鼓不用重槌，你本来就有自控能力，我们也不用操心。

柳振宇 当时确实是如此，我和那个女生彼此喜欢，但一直只是发短信、聊聊QQ而已。我一直不知道父母已经留意到了这件事，直到那个女孩告诉我，她发现你访问过她的QQ空间。不过自始至终，你们从来没提及过这些事，连旁敲侧击都没有。

> **余帅说：**
>
> 每次直播的时候，都有家长来咨询早恋的问题，通常都是在情况几乎无法控制的时候才来咨询，有时候我都感到无能为力。比如偷看孩子手机或日记后，发现孩子早恋，家长往往会跟孩子吵一架，然后孩子每天回家就紧闭房门不理父母，这时家长才意识到自己的方式有问题。其实这个时候，我也没什么好的方法。
>
> 有些父母一看见早恋，就像孩子犯了罪一样，非要控制他们，殊不知越控制反而越适得其反。柳爸爸的做法非常好，无意中发现孩子早恋后，不立即批评，而是安安静静地观察并信任孩子，等到必要的时候再加以引导。家长要放下焦虑，很多时候青春期的早恋只是互相欣赏。如果家长能够理解孩子，甚至与孩子共情，孩子反而不会陷进去。无数案例表明，早恋时家长干预越多、越强，结果往往越差。所以，在学生早恋初期，建议家长不要过度干预，可以多观察，多交流。

父亲 后来你上了高中，说要参加竞赛，我全力支持你，给你买书等等。我一直认为以你的水平，就算竞赛失败，也能考个好一本，所以起初没对你的竞赛抱太大期望。直到你有资格进入国赛了，我才真正重视起来，随之而来的自然也有一些焦虑。通过正常高考考上清华、北大对你来说比较困难，但是进入国赛让我们看到了这种可能，于是想法就多起来了。

一方面想让你冲进顶级名校，另一方面又不希望你压力太大。然而，在这方面我们确实帮不上忙，只能做到你做事情的时候不施加额外的压力，做好后勤保障。后来你国赛拿了奖，但是回归高考复习后成绩下滑严重，在备战清华的学科营时，你还硬着头皮复习竞赛内容，这种情况我们肯定担心，担心你精神压力太大，但是我们也不敢多说什么。后来听到消息说清华的学科营要取消了，信息混杂，我们只能背地里全力收集相关信息，同时关注你的状态了。好在最后一切顺利。中间我们一直从老师那里得知你的每次考试成绩，大多数时候即使加了竞赛分也上不了清华，我们知道了也不敢问你，因为你从来不主动说这些。归根结底还是相信你，从小到大你没有做过离谱的事情，也拎得清该做什么。反倒是怕你想太多，给自己太大压力，所以我们选择相信你，给你自由空间，最终你也没让我们失望。

父亲 还有一点，竞赛需要走自主招生报名，很多学生和家长都不了解这个过程，我以前也不懂，但是那段时间正好待业在家，所以我去官网一个学校一个学校地研究，终于把自主招生弄明白了。我觉得自己学到了很多东西。我打算退休以后没事了做个高考志愿填报咨询，挣不挣钱无所谓，就是想着自己弄明白了能帮助别人也很好。

| 柳振宇 | 爸爸之所以会提起此事，是因为身边这两年有些亲戚朋友在高考填报志愿时，孩子不懂也没精力，家长又不肯花时间精力去了解，花点钱找了机构咨询，结果错失了机会。我爸也正是因此有感而发，想起了当年的事情。|

| 母　亲 | 在你参加高考的前几个月，我最为担心，那一段时间你既要学竞赛，又要学高考内容，简直学疯了，没日没夜地学习。有一次你考完学科营后去治疗鼻炎，医生给你打针的时候你由于低血糖差点晕过去，真的把我吓坏了。我当时就想和你说，我不在乎你能不能上清华，能去武大已经很不错了。但是你和你爸那时眼里只有清华，我没敢说出来。何况那时你爸也没工作，只能靠我上班挣钱。你是个心思重的孩子，你爸辞职之后也压力很大，所以什么都不说才是最好的。当你高考完出了分数，我除了为你如愿以偿感到高兴之外，想到的就是终于结束了，千万别再来一回了。就算你考得不好，我也绝对不让你复读了，只是看着你学习觉得都累得不行。|

| 母　亲 | 再说操心的事，就是你中考和高考时，我因为不放心所以请假回家给你做饭。你爸在照顾人方面确实不行，以前明明知道你嗓子疼，他还做辣的食物，美其名曰"以毒攻毒"，结果直接导致你发烧了。所以在中考和高考期间，做饭这件事情上我根本不

让他插手，这方面我真信不过他，必须自己来才放心。其他方面我就没操过心了，因为你学习上不用我们辅导，我们也辅导不了。而且因为你的成绩一直很好，升学也不用我们找关系。就连高考填报志愿你早就确定好了竞赛专业。所以比起身边那些同事、朋友家的孩子，你已经是极其省心的了。